歴史文化ライブラリー

418

落日の豊臣政権

秀吉の憂鬱、不穏な京都

河内将芳

吉川弘文館

目　次

秀吉政権崩壊の序曲と京都―プロローグ……1
文禄の大地震／文禄年間という時代／京都の「近世都市化」／秀次の京都／「桃山の京都」／人びとの「精神世界」

不均衡な経済政策

金くばり……20
『慶長見聞集』／『大かうさまくんきのうち』／金銀をくばる秀吉／公家衆への金くばり／かたみ分けとしての金銀／金くばりの本質

ならかし……34
金商人／徳政／「南京奉行」井上源五／奈良町人の直訴／不可解な結末／政権の施策としての奈良借／町人にとってのならかし／金くばりのゆくえ

不穏な京の町

喧嘩……54

秀次家臣同士の刃傷事件／「京中屋サガシ」／請文の提出／民部卿法印様御奉行衆／奉行衆による捜査／切腹／淀殿の懐妊と京にひろがるうわさ／対外戦争の逃亡者への対応／みせしめの舞台としての三条河原

辻切り・盗賊……77

聚楽第近くでの辻切り事件／千人切り／ふたりの若公／首都の二重化／石川五右衛門／三条河原での処刑／辻切り、すり、盗賊に手をそめる武士／政権の治安対策と人心のゆくえ

影を落とす後継者問題

声聞師払い……96

陰陽師と声聞師／声聞師の追放／豊後国へ移住／尾州の荒れ地へ／在陣の留守の女房衆／諸国博士成敗／男留守のとき／秀吉側室の御いとま／凄惨な処刑

狐狩り……116

野狐の祟り／宇喜多秀家女房の御病／産後の乱心／稲荷信仰／子どもの出産・死と狐／狐狩りと声聞師払い

天変地異と政権の動揺

怪異……134

ふたたび三条河原／秀次一族塚／秀次事件／失われた聚楽第／降砂／降毛／「恠異」と秀吉政権

大　地　震……………………………………152
深夜の大地震／諸寺院の被害／伏見城の被害／大名屋敷と城下町の被害／伏見城内の秀吉と御拾／伏見城の再建／天道と秀吉／退屈と迷惑

京都の人びとがみつめた秀吉の時代―エピローグ……………175
ふたたび文禄年間という時代／後継者問題と普請／秀吉に対する期待／京都・大坂なみ／ならかしと徳政

あとがき

参考文献

秀吉政権崩壊の序曲と京都——プロローグ

文禄の大地震

一六世紀も残りあとわずかという文禄五年（一五九六）閏七月一二日から一三日にかけて、京都は大地震にみまわれた。いわゆる文禄の大地震（慶長の大地震）である〔三枝二〇一三〕。

地震がおこった時刻については、記録によって、「亥《い》の刻（午後一〇時ころ）」（『孝亮宿禰記《たかすけすくねき》』）、「子《ね》の刻（午前〇時ころ）」（『言経卿記《ときつねきょうき》』『舜旧記《しゅんきゅうき》』）、「丑《うし》の刻（午前二時ころ）」（『義演准后日記《ぎえんじゅごうにっき》』）とばらつきがみられるものの、当時の感覚でいえば、深夜といった時間帯だったことにはまちがいないであろう。

地震考古学の研究成果によれば、この地震は、「有馬《ありま》—高槻《たかつき》断層帯、さらに、淡路島では東岸の複数の活断層や先山断層が活動して」おこったものであり、その規模も、「内陸の活断層が引き起こした地震としては最大級に近く、マグニチュード七・五以上でマグニチュード八近い値と推測され」ている〔寒川二〇一〇〕。

そのおそろしさは想像を絶するものであったと思われるが、実際、それを裏づけるように、つぎのような証言も残されている。

夜十一時ごろに突然、空は静かに晴れわたっていたのに、非常におそろしく戦慄的な地震がおこった。地震はその後一晩中つづいて、地下界において地獄の権力のあいだに巨大な抗争がおこったように思われた。（中略）人びとは仰天のあまり家々をすて、広場を通って逃げた。やっと地震を抜け出て来た人びとは、妻や子供や親族たちが倒壊によって押しつぶされたのをなげいていたし、またある人びとの瀕死の声が廃墟のなかから漏れてくるのを聞いた。ある人びとは地面が彼らに対して亀裂して生きたまま呑みこんでしまいはせぬかとおそれて、彼らが助かるように涙ながらに阿弥陀の名を唱えていた。

これは、当時、来日していたイエズス会宣教師ルイス・フロイスが、一五九六年一二月二八日付けで発信した「年報」とよばれる文書（『十六・七世紀イエズス会日本報告集』）の一節である。もっとも、このときフロイス自身は京都にいたわけではなく、「別の司祭（フランチェスコ・ペレス）」の「報告」を引用したようだが、被災した人びとが味わった恐怖を感じとるのには十分な証言といえよう。

それでは、この地震による被害とはどのようなものだったのだろうか。

十二日、天晴れる、

大地震、子の刻動て数万人死す、京中寺々所々崩れ倒る、第一伏見城町已下《いか》顛倒しおわんぬ、大仏築地《ついじ》・本尊裂破しおわんぬ、北野経堂《きょうどう》・東寺金（食カ）堂以下倒るとうんぬん、

これは、吉田社の神官吉田家に生まれた梵舜《ぼんしゅん》という僧侶がしたためた日記『舜旧記』にみえる記事である。死者「数万人」というのが正確なものかどうかといった点についてはさだかではないが、それでも、北野経堂・東寺食堂をはじめとした京都の寺々が大きな被害をうけたのは事実だったのだろう。

そのようななか、もっとも大きな被害をうけたのが、当時、豊臣秀吉（羽柴《はしば》秀吉）が主要な拠点のひとつとしていた「伏見城町」（伏見城〈指月《しげつ》城〉とその城下町）と、秀吉によって造立された「大仏」（東山大仏）の「築地」（築地塀）や「本尊」だったことが右の記事からあきらかとなる〔河内二〇〇八〕。

しかも、このとき秀吉は伏見城内にいたことが知られているので〔藤井編二〇一一〕、地震のおそろしさも身をもって味わったにちがいない。

文禄年間という時代

この文禄の大地震については、あとでまたくわしくふれたいと思うが、当時の社会にあたえた影響がいかに大きなものだったのかという点については、この年の一〇月二七日に文禄という年号が「地震大凶ゆえ」（『義演准后日記』八月九日条）、慶長という年号に改元されたことからもあきらかといえる〔神田二〇一二〕。

文字どおり時代をかえた地震といえようが、これからわずか三年後に秀吉も亡くなってしまうことを考えたとき、この地震による「伏見城町」と「大仏」「本尊」の崩壊は、秀吉とその政権、いわゆる豊臣政権の崩壊のはじまりを暗示するものになったことであろう。

もっとも、そのような崩壊は、この地震によってのみ突然はじまったわけではなく、それを準備する時代の動きも徐々に用意されていったのではないかと考えられる。本書は、そのような時代の動きを文禄元年から五年という、文禄という年号を冠する時期にあえて限定してみてみようとするものである。

文禄に年号が改元されたのは、さかのぼること、天正二〇年（一五九二）一二月八日のこと（『言経卿記』同日条ほか）。前々年には小田原の北条氏がほろぼされ、ついで「奥羽《おうう》仕置《しおき》」も終了、もはや秀吉とその政権に歯むかう敵は存在せず、天下統一がなしとげられた時期にあたる。つまり、権力としては絶頂期をむかえていたころとなるわけだが、しかしながら、絶頂期にこそ、崩壊の序曲がはじまるというのも世の常であろう。

本書が、文禄年間（一五九二―九六）というかぎられた時期に注目するのもそのためだが、実際、秀吉とその政権も例外ではなく、この文禄元年からはじめられた、いわゆる文禄の役とよばれる対外戦争が政権の寿命を縮めたこともまた、よく知られた事実といえる。

ただし、本書では、そのような対外戦争や、あるいは政権そのものに焦点をあわせるのではなく、むしろ、その外側にいる人びと、とりわけこの時期、秀吉とその政権の施政下にあった京都という都市に住む人びとに視点をすえて、時代の動きというものをみていきたいと考えている。

すでに慶長年間（一五九五―一六一五）の京都に焦点をあわせ、「慶長世相史を「かぶき」の時代と呼」んで、時代の動きをみごとにとらえた守屋毅氏による『「かぶき」の時代』（角川書店、一九七六年）という書物が知られている。本書は、その守屋氏のひそみにならって、また、守屋氏が検討を加えなかった、慶長よりひとつまえの時代に焦点をしぼってみようというものである。

京都の「近世都市化」

ところで、本書でいう京都に住む人びととは、具体的には、公家や僧侶（神官もふくむ）、あるいは武士や町人・百姓たちを意味している。その彼らの住まう京都が、秀吉の時代になって、大きく変貌をとげたという点については、あらかじめ確認しておく必要があろう。

具体的には、かつて平安京の大内裏《だいだいり》のあった内野《うちの》に聚楽第《じゅらくだい》（聚楽城）が築かれるとともに、その周辺に諸大名の屋敷をはじめとした武家地が形成、また、天皇の住まう内裏周辺にも公家町がつくられるいっぽうで〔登谷二〇一五〕、京中（洛中）に散在していた寺院も移転、そして、それら全体を御土居《おどい》（御土居堀）とよばれる土塁と堀が囲繞するという〔中村二〇〇五〕、大規模な都市空間の改造がおこなわれたことでもよく知られているからである。

いわゆる京都の「近世都市化」〔小野一九九三〕、あるいは「城下町化」「京都の改造」とよばれるものがこれにあたるが、もちろん人口の大多数をしめたであろう町人の住まう町々もこれとは無縁ではありえなかった。

たとえば、戦国時代まで、もしくは織田信長の時代までの京中を構成していた上京《かみぎょう》や下京《しもぎょう》、あるいは六町《ろくちょう》や新在家とよばれた、かぎられた範囲の市街地（惣町《そうちょう》）に〔高橋一九八三、河内二〇一〇〕、聚楽第の築城にともなってつくられた聚楽町〔杉森二〇〇八〕があらたに加わることになり、また、それと並行して、旧来の市街地には南北に通じるあらたな街路が複数ひらかれるなど、いわゆる碁盤《ごばん》の目の街区にも改変がおこなわれたことが知られているからである。

しかしながら、町々にとって、むしろ大きかったのは、『フロイス日本史』が伝えているように、「一五九一年に、この都の町は、同所に居住するために諸国から移転してくる人びとの動きにともなって、建物、殿堂、居宅が数を増していったが、その変貌ぶりは、以前にこの町をみたものでなければ信じられぬほど」となり、「当初この町の（人口）は八千ないし一万（?）ほどであったが、今では戸数三万をこえるといわれ、ますます拡大しつつあ」ったことであろう。

つまり、「天正一〇年代に、京都はわずか一〇年余で一挙に都市域を数倍に拡大し、家数三万軒、人口一〇万人以上の大都市」〔横田一九九三〕へと変化したのであった。

もっとも、『フロイス日本史』にもみえる「一五九一年」（天正一九年）の九月二二日に秀吉とその政権によっておこなわれた「京中地子《きようじゆうじし》」（「京中屋地子」）「御免許」＝地代《じだい》の免除が、「上京中」「下京中」「六丁町」「聚楽町」のみを対象としたものであったことからもわかるように〔吉田一九九八〕、旧市街地と新市街地とがまったく同じになったというわけではない。

そういう意味では、都市社会は、内部に格差をかかえつつ拡大していくことになるわけだが、いずれにしても、この天正一九年こそ、一連の京都の「近世都市化」が完成した年とされており、そしてまた、その二年後に文禄という時代がおとずれることになる以上、

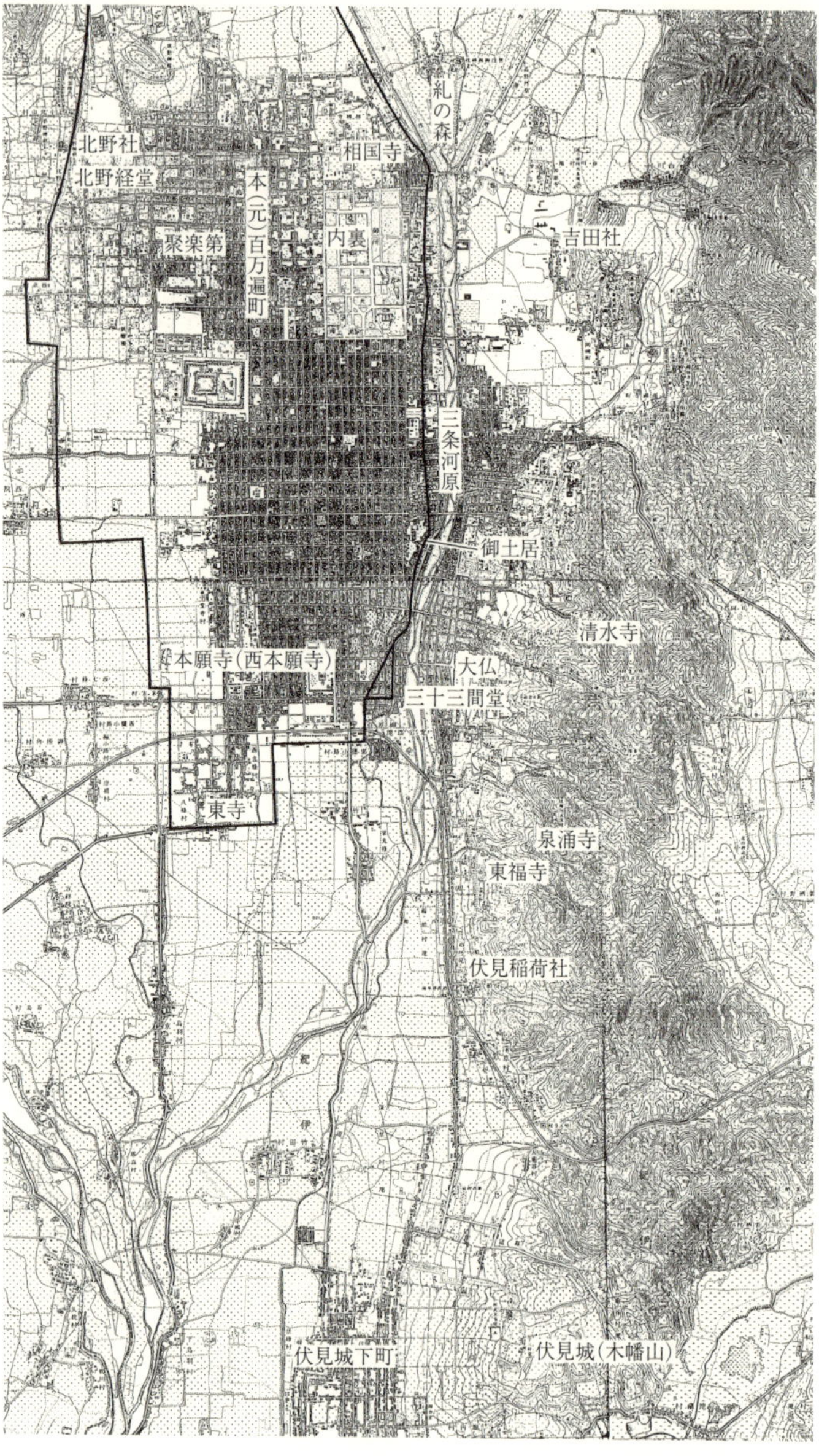

図1　京都・伏見地図（明治22・23年仮製20000分の1地形図）

そこに住まう人びとの京都が、以上のような変化をとげたあとのものだったという点については確認しておく必要があろう。

秀次の京都

それでは、変化をとげた京都の中心に位置づけられた聚楽第に秀吉は常に腰をおちつけていたのだろうか。じつは、そうではなかったことが近年あきらかとなっている〔藤井編二〇一一、三枝二〇一三〕。

たとえば、関白に任官した天正一三年から天正一九年のあいだにかぎったとしても、秀吉は半年として京都に滞在することはなく、大坂城や大津城、あるいは各地を転々としていたことが知られるからである。

もちろん、このころは、天下統一がいまだなっていない時期にあたり、西へ東へと転戦をくりかえしていたというのが実状だったのだろうが、ところが、京都の「近世都市化」が完成をみた天正一九年からまもなくして、聚楽第からも秀吉は去っていくことになる。

天正一九年一二月二二日に秀吉は、「聚楽を中納言殿へ御譲り」（『多聞院日記《たもんいんにっき》』同日条）、そして、五日後の二七日には、その「中納言殿」（『公卿補任《くぎょうぶにん》』によれば、同年のうちに権大納言、内大臣へと昇任している）こと、豊臣秀次《ひでつぐ》（羽柴秀次）に関白職もゆずりわたしてしまうこととなるからである（『言経卿記』同日条ほか）。

その後、天正二〇年八月一七日には、秀吉は「伏見」を「御隠居所」（『鹿苑日録《ろくおんにちろく》』同日条）とさだめ、二〇日には「伏見御屋敷普請縄打ち」（『兼見卿記《かねみきょうき》』同日条）をはじめたことが確認できる。したがって、本書でみていこうという文禄年間の京都とは、じつは、秀次がその中心にいた京都だったといえよう。

もっとも、それも、文禄四年七月八日までのわずか四年たらずにすぎなかった。この日、秀次は「太閤《（豊臣秀吉）》と御義絶」し、「御遁世」（出家）したうえ、「高野」（高野山）へとむかい（『言経卿記』同日条ほか）、それから数日後の七月一五日には、「高野山において御腹切られ」（『言経卿記』七月一六日条）てしまうからである〔藤田二〇〇三・二〇一四、矢部二〇一三〕。

それればかりか、主を失った聚楽第もすぐさま破却されたらしく、その年のうちに「聚楽城ならびに諸侍の家門《かもん》、伏見へ引き移」（『当代記』文禄四年条）されたことが知られている。

このようにしてみるとわかるように、「近世都市化」したはずの京都は、それを押しすすめた秀吉みずからの手によって、その中心を失うという奇妙かつ不安定な状態におかれてしまうことになる。文禄の大地震は、そのような奇妙かつ不安定な京都をおそうことになったのである。

まえおきが少しながくなってしまったが、本題へと入っていくことにしよう。ただし、あらかじめことわっておくと、本書のような、かぎられた紙幅のなかで文禄年間にかかわるすべてのできごとをとりあげることは不可能といえる。よって、ここでは、文禄年間の京都でおこったいくつかのできごと、なかでもこれまでの研究であまりとりあげられることのなかったものについて、古文書や古記録など、当時生きた人びとが書き残した文献史料を読み解いていくことをとおして、時代の動きをつかみとっていきたいと思う。

そのさい、留意しておく必要があるのが、これまでの研究や一般の人びとがいだいてきた、この時期の京都に関する、ある種のイメージについてである。そのイメージとは、ひとことでいえば、「桃山の京都」といったものになろうが、そのことをもっともわかりやすく説明しているのがつぎの文章ではないかと考えられる。

「桃山の京都」

近世は、桃山の京都において誕生した。その前に現れた新しい世界は、戦乱のなかからようやく平和をかちとり、金銀の豊かさのうちに生活をたのしみ、また南蛮の珍奇な風物にもふれることのできる、かつて夢にもえがきえなかったようなものであった。世人はこれを「弥勒《みろく》の世」とよんだ。

これは、一九六〇年代に京都市の自治体史として刊行された『京都の歴史』全一〇巻の

表1　天正・文禄年間の略年表（本書の対象範囲）

年	月日	本書に直接かかわる事項	月日	一般的な歴史的事項
天正一四年	二月二一日	大坂で千人切り事件がおこる	二月二一日	聚楽第（聚楽城）の普請はじまる
			四月一日	大仏殿建立の地を東福寺あたりにさだめる
			一二月一九日	秀吉、太政大臣に任官される
天正一七年	五月二〇日	京都で「金くばり」がおこなわれる	五月二七日	鶴松、誕生
	一〇月五日	豊臣秀長、奈良へ米を貸しつける		
天正一八年	正月	三条橋が架けられる	正月一四日	秀吉妹、死去
			三月一日	秀吉、北条氏攻撃のため出陣する
天正一九年	二月七日	密懐の男女が三条河原に曝される	正月二二日	豊臣秀長、死去
	六月二二日	奈良子守の町人が京都で金商人を殺す	閏正月	御土居の普請はじまる
	七月	奈良で金商人をめぐって事件が頻発する	八月五日	鶴松、死去
	八月二四日	秀吉により奈良に徳政令が出される	九月二二日	「京中地子」が免除される

			一〇月一〇日 一二月二七日	肥前名護屋城の普請はじまる 秀次、関白に任官される 大坂・大和郡山の地子銭が免除される
天正二〇年 （文禄元年）	四月二九日 九月二日 九月二四日 一〇月一〇日	奈良で一揆蜂起の風聞がながれる 奈良の町人が秀吉へ直訴する 京都で「奈良借金銀の帳」が写される 秀吉、奈良借の金銀を船の用につかうよう命じる	三月二六日 七月二二日 八月二〇日 八月二九日 一二月八日	秀吉、肥前名護屋に向かう、文禄の役はじまる 大政所、死去 伏見指月城の普請はじまる 小西行長と沈惟敬が平壌で会見する 文禄に改元される
文禄二年	七月八日 七月九日	紀の森で喧嘩がおこる 「京中屋サガシ」がはじまる 喧嘩にかかわる請文の提出が京中でもとめられる	正月一五日 四月一日 六月六日	西国在陣の逃亡者を一宿させないよう洛中洛外に触れられる 秀次若公、誕生 秀次若公、死去

年	月日	事項
	七月一六日	喧嘩人のひとりが切腹する
	七月一七日	喧嘩人八人が三条河原で成敗される
	一〇月九日	本百万遍町南の辻で辻切りがおこる
	一〇月一九日	唱門師（声聞師）払いがおこなわれる
	一〇月二〇日	大坂の御袋（淀殿）家中女房衆が成敗されるとのうわさが流れる
	一一月四日	秀吉に召しおかれていた女房が三条河原でのこぎり引きにされる
	一一月七日	日本国の陰陽師が京都へ集められる
	一二月二五日	京都の唱門師、尾張へ流される
文禄三年	三月七日	奈良の金商人が没落する
	三月一一日	所々の陰陽師、尾張の荒れ地耕作を命じられる
	八月五日	千人切りの犯人らが京都へ送られる
	八月二三日	石川五右衛門らが三条河原で釜にて煮られる

七月一六日	大坂御袋（淀殿）に姫君誕生との雑説がながれる
八月三日	御拾（秀頼）、誕生
九月四日	秀吉、秀次に対して日本国五分の四を渡すとの話をする
一〇月朔日	秀吉、御拾と秀次姫君との婚約話をもち出す
一一月一日	秀吉、伏見に諸大名屋敷の普請を命じる
一二月以前	御拾、大坂より伏見へ移る

年	月日	事項	月日	事項
文禄四年	七月二六日	秀次家臣の木村重茲女房らが三条河原で成敗される	七月七日	秀次別心の雑説がながれる
	八月二日	秀次妻子が三条河原で成敗される	七月八日	秀次、高野山へ向かう
	八月二日	聚楽第が破却される	七月一五日	秀次、切腹する
	一〇月二〇日	宇喜多秀家女房に狐が憑いたとされ、日本国中狐狩りが命じられる	九月二一日	大仏住持に聖護院道澄が任じられる
	一〇月二三日	宇喜多秀家女房の煩いにかかわり内侍所御神楽がおこなわれる	九月一四日	大仏千僧会がはじまる
	一〇月二六日	宇喜多秀家女房の煩いにかかわり吉田社にて祈禱がおこなわれる		
文禄五年（慶長元年）	六月二七日	京都とその周辺で砂が降る	五月一三日	御拾、秀吉とともにはじめて参内する
	閏七月一三日	文禄の大地震（慶長の大地震）がおこる	五月二五日	伏見において秀吉・御拾に対し諸大名・日本国の諸侍らが御礼をおこなう
	閏七月一四日	京都とその周辺で毛が降る	閏七月一三日	大地震により伏見指月城と城下町が大きな被害をうける
			閏七月一四日	伏見木幡城の普請はじまる
			一〇月二七日	慶長に改元される

うちの一巻『京都の歴史　四　桃山の開花』（学芸書林、一九六九年）の序説にみえる一節である。

この序説は、同巻の「責任編集」にして、『京都の歴史』全巻の刊行を牽引したことで知られる林屋辰三郎氏の手になるものだが、文中にみえる「弥勒の世」ということばは、林屋氏のほかの著作のなかでもしばしばみられるものとしてよく知られているので〔林屋一九六四〕、「桃山の京都」というイメージもまた、林屋氏によってうみ出された可能性は高いであろう〔高木二〇〇六〕。

一見してわかるように、絢爛豪華な桃山時代というイメージとも合致するものであり、それゆえ一般の人びとのみかたにも影響をあたえつづけてきたのではないかと思われる。

もっとも、そのいっぽうで、秀吉など天下人のことをかならずしも絶賛しているわけではないという点にも注意が必要である。たとえば、右の一節のしばらくあとには、つぎのような文章もみられるからである。

信長・秀吉・家康など、いわゆる英雄とよばれる専制権力者は、むしろ自由を抑圧した人々であるが、彼らの財政的基盤をつくった都市商業のにない手、なかんずく京都の市民たちの間に、自由を守る実力が保持されていたのである。そのような戦国いらい醸成されてきた自由の精神こそ、桃山という弥勒世界にながれる大気であった。

右のうち、「信長・秀吉・家康など」の「財政的基盤をつくった都市商業のにない手」にして、「自由を守る実力が保持されていた」「京都の市民」とは、いわゆる「町衆《まちしゅう》」を意味しているが〔林屋一九六四〕、ここからは、「桃山の京都」というイメージもまた、じつは林屋氏がとなえていた「町衆」論と不可分なものであったことがうきぼりとなってこよう。

人びとの「精神世界」

このようにしてかたちづくられてきた「桃山の京都」というイメージが妥当なものかどうかといったことまでを本書だけで検討することはもちろんできない。ただ、本書では、そのようなイメージと実際のできごととのあいだにはかなりのへだたりがあるということを少しでも指摘できればと思う。

そのさい、大きな示唆をうけたのが、横田冬彦氏の「城郭と権威」という論考である。横田氏の論考は、「近世城郭と、それに体現された近世的権威の特質を考えることを課題とし」たものであり〔横田一九九三〕、かならずしも文禄年間の京都のみを論じたものではない。

しかしながら、「城下町（大都市）京都の成立」にともなっておきた「さまざまな都市問題」や「民衆の意識を代弁した」「落書《らくしょ》や流言《りゅうげん》」に注目、それとともに、「豪商の文化」ではなく、「対抗的性格」をもつ「民衆の精神世界の可能性を見いだすことにつとめ」たものとして知られている。

ここでいう「豪商の文化」が、いわゆる「町衆」の文化を意味していることはあきらかだが、そのようなひとにぎりの「豪商」や「町衆」には含まれない人びとの目からみえたものが何だったのか、「桃山の京都」とはまた異なる時代相をつかみとるうえでも重要な視点と考えられるからである。

もっとも、本書が、そのような視点をどれほど受けつぐことができるのかという点については、はなはだこころもとないかぎりではあるが、ひとつずつ具体的なできごとをとおして、少しでも当時の人びとの「精神世界」にせまっていくことができればと思う。

＊なお、本文のなかで引用する史料（文献史料）は、プロローグでもおこなってきたように、翻訳された外国語史料などをのぞき、読みやすさを考えてすべて読みくだしにしている。また、二行にわたる長めの引用については、区別がつきやすいように二文字さげている。

不均衡な経済政策

金くばり

プロローグでもふれた「弥勒《みろく》の世」ということばは、じつは、江戸時代初期の仮名草子《かなぞうし》作者として知られる三浦浄心《みうらじょうしん》の著作『慶長見聞集《けいちょうけんもんしゅう》』

『慶長見聞集』

（『見聞集』）にみえるものである。

その序によれば、同書は、浄心が「永禄八乙丑《きのとうし》年うまれしよりこのかた慶長十九ことしまで」「見聞きたりし由なしことを」記したものであるとされている。そして、「弥勒の世」ということばは、その巻之一の冒頭「万民楽しびにあえること」のなかに、つぎのような一節とともに登場してくる。

> さてもさてもめでたき御時代かな、われごときの土民までも安楽にさかえ、美々《びび》しきことどもを見聞きてのありがたさよ、今が弥勒の世なるべしという、

これによれば、「弥勒の世」とは、「土民までも安楽にさかえ」、「美々しき」（はなやかな）ものごとを見たり聞いたりできる「めでたき御時代」であるという。

一見してあきらかなように、ここからは、現状を肯定し、賛美する浄心の姿勢が読みとれるわけだが、この「弥勒の世」ということばに注目した林屋辰三郎氏は、「弥勒のすみか」は「金の御嶽」（金峯山《きんぶせん》）とよばれるように、「黄金の世界」でなければならないとして、同じく『慶長見聞集』巻之六の「江戸にて金の判あらたまること」にみえる、つぎのような一節とむすびつけて、そのイメージをふくらませることになる（林屋一九六四）。

愚老若きころは、一両、弐両道具のはずし金をみてもまれごとのように思い、五枚、三枚もちたる人をば、世にもなき長者、うとくしゃ（有徳者）などといいしが、今はいかようなる民百姓にいたるまでも、金を五両、拾両もち、また分限者《ぶげんしゃ》といわるる町人たちは、五百両、六百両もてり、

「愚老」（浄心）が若いころは、「金」などみることはなく、わずかな「金」「五枚、三枚」をもっているものでさえ、「長者」「うとくしゃ」（有徳者）とよばれていたものだが、「今」は「民百姓」でさえ「金を五両、拾両」、「分限者」（富豪）にいたっては、「五百両、六百両」ももっている。

ここから林屋氏は、「浄心の若きころ」とくらべて、「金銀貨の流通度は百、二百倍とな

った」ことを読みとると同時に、「弥勒の世」を現実化させたものとは、そのような「金銀貨の流通」にあったと理解したのである。

このような理解もまた、黄金でいろどられている桃山時代というイメージとみごとに重なりあい、「桃山の京都」というイメージが浸透していくのにはおおいに役立ったのではないかと思われる。ただし、「金銀貨の流通」と「土民までも安楽にさかえ」ることが実際にむすびついているのかどうかといった点をこれまでの研究が具体的に追究してきたわけではない。

『大かうさまくんきのうち』

もっとも、そのいっぽうで、『慶長見聞集』とよく似た言説については、このほかでも見い出すことができる。たとえば、信長の伝記『信《しん》長公記《ちようこうき》』(『信長記』)の著者として知られる太田牛一《おおたぎゆういち》の筆になる『大かうさまくんきのうち(太閤様軍記のうち)』にも、つぎのような一節がみられるからである。

太閤秀吉公御出生よりこのかた、日本国々に金銀山野に湧き出で、(中略)むかしは、黄金をまれにも拝見申すこと、これなし、当時は、いかなる田夫野人《でんぶやじん》にいたるまで、金銀たくさんにもちあつかわずということなし、

「むかし」は「黄金」を目にすることなどめったになかったのに、「当時」(現在、今)

は、「田夫野人」（教養のない粗野な人）でさえ「金銀」にふれられないということがなくなった。

このように語られる内容が、著者も異なり、文章も異なっているにもかかわらず、『慶長見聞集』とうりふたつであることは一目瞭然といえる。ただし、こちらのほうは、「太閤秀吉公御出生よりこのかた」という部分に重心がおかれ、その結果として、「太閤秀吉公御慈悲もっぱらにましましそうろうゆえ、路頭に乞食《こつじき》・非人《ひにん》一人もこれなし、（中略）御威光、ありがたき御世なり」とつづいていく点には注意が必要であろう。

現状を肯定、賛美するという点では同じでも、あくまでそれは秀吉の「御慈悲」「御威光」あっての「ありがたき御世」となるからである。しかしながら、それは、『大かうさまくんきのうち』がそもそも秀吉伝記の一部であったことから考えれば、当然といえば当然であったといえよう。

それでは、『慶長見聞集』や『大かうさまくんきのうち』が語るように、秀吉の時代になって、ほんとうに「弥勒の世」や「ありがたき世」が現実のものになったのだろうか。そのこたえを出すことは容易ではないが、ただし、のちにもふれるように、秀吉の時代においても、「路頭に乞食・非人一人もこれなし」といったことがありえなかったことから考えれば、そのギャップはあまりにも大きいといわざるをえないであろう。

しかしながら、本書の関心からいえば、むしろこのようなギャップにこそ目をそそぐ必要がある。そこでまず、ここでは、秀吉と「黄金」、あるいは「金銀」にまつわるできごとについてみていくことにしよう。

最初にみていくのは、秀吉による、いわゆる「金賦」（『言経卿記』天正一七年八月六日条に「金クハリ」とみえるので、以下、「金くばり」とする）である。できごととしては文禄年間（一五九二―九六）をはさんだものとなるが、それでは、その「金くばり」とはいったいどのようなものだったのだろうか。

金銀をくばる秀吉

ふつう「金くばり」といえば、小瀬甫庵《おぜほあん》の著作『太閤記』にみえる「金賦のこと」という記事がよく知られている。ただし、『太閤記』は、著述された時代がかなりさがり、また、「金くばり」についての年代もあやまっているので、ここでは、奈良の興福寺蓮成院《れんじょういん》の記録『蓮成院記録』天正一七年（一五八九）五月二七日条に記されている、つぎの史料からみていくことにしよう。

さる廿日、京都聚楽《じゅらく》において、関白殿（豊臣秀吉）より金銀諸大名衆へくださる、近江中納言（豊臣秀次）御屋《おや》形《かた》の御門前より東へ二町《ちょう》ほどにおいて三通りにならぶ、金銀台に積む、諸大夫衆三百人ばかり、赤衣《あかごろも》装束にて御使いの役者なり、希代の見物、古今あるべからざることなり、耳目をおどろかす、

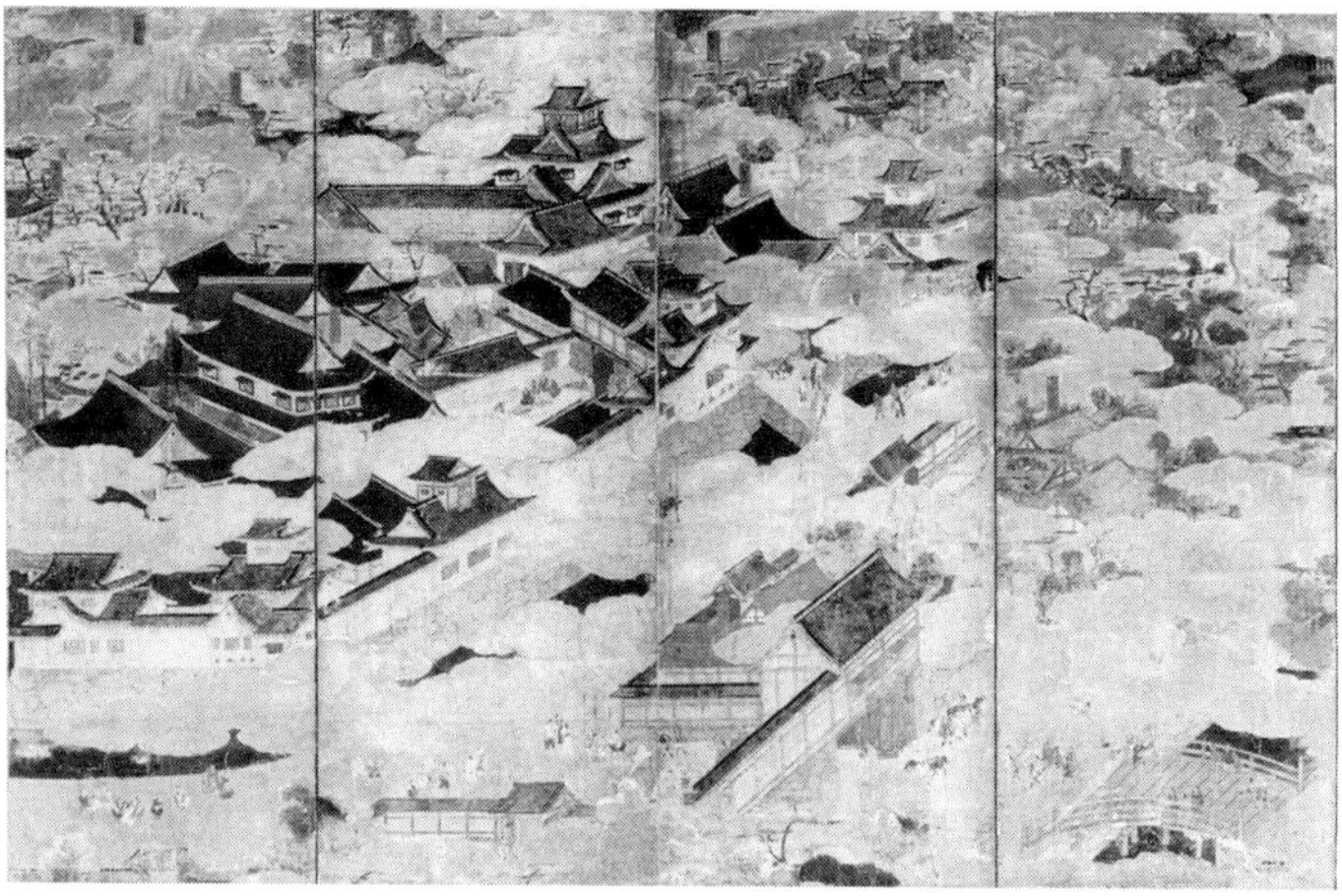

図2　聚楽第図屏風（三井記念美術館所蔵）

以上　金子《きんす》四千九百枚
以上　銀子《ぎんす》弐万千百枚
　　都合　弐万六千枚か

これによれば、天正一七年の五月「廿日」に、京都の「聚楽」において「関白殿」秀吉より「諸大名衆」に対して「金銀」がくだされたことがわかる。また、そのやりかたとは、「近江中納言」こと、豊臣秀次《ひでつぐ》（羽柴秀次）の「御屋形」の「御門前より東へ」「二町ほど」（約二四〇メートル）に、「諸大名衆」の「御使いの役者」「諸大夫衆三百人ばかり」が「赤衣装束」で「三通り」（三列か）にならび、「台」に積まれた「金銀」をくだされるものであったこともわかる。

このころ、秀次の屋敷は聚楽第《じゅらくだい》の南側にあったと推定されているので〔山田二〇一四〕、

「御門」とは、あるいは聚楽第の「南の鉄門」（『鹿苑日録《ろくおんにちろく》』天正一七年三月二日条）であったのかもしれない。それを裏づけるように、『当代記《とうだいき》』にも、「城の門外、広地において」とみえるが、いずれにしても、はればれしいことかぎりなく、右にみえるように、「希代の見物、古今あるべからざることなり、耳目をおどろかす」というのが、それを見たり、聞いたりした人びとのいつわらざる感想だったのだろう。

ところで、右によれば、このときにくだされた「金子」（金貨）は四九〇〇枚、「銀子」（銀貨）は二万一一〇〇枚、合計二万六〇〇〇枚におよんだという。この枚数については、記録によって違いがあり、興福寺多聞院《たもんいん》の『多聞院日記』五月二四日条では、「金千枚、銀千枚」、また、京都の相国寺《しようこくじ》鹿苑院の記録『鹿苑日録』五月二〇日条では、「金は六千枚、銀は弐万五千枚」とみえる。

おそらく『蓮成院記録』にみえる枚数が正確なところなのではないかと思われるが、要するに、その量はとほうもなく莫大であり、そのため、さまざまな流言がとびかったというのが実際だったのだろう。

ちなみに、ここでいう「金銀」とは、ともに「金子」「銀子」とよばれる貨幣を意味し、そして、そのうちの金子とは、前々年の天正一五年二月に公家の吉田兼見《よしだかねみ》が秀吉の家臣施《せ》薬院全宗《やくいんぜんそう》から「借用」した金子のように、「金に後藤在判」（『兼見卿記』二月二二日条）と書かれた、いわゆる大判であったのかもしれない（川戸二〇一〇、藤井二〇一四）。
『当代記』によれば、「金五百枚、三百枚、二百枚、そのうえ銀をあい添えつかわさる」とみえ、五〇〇枚・三〇〇枚・二〇〇枚という金子のまとまりがあって、それらに銀子がつけられ、くだされたとされている。おそらく、徳川家康が、「銀二千枚、金弐百枚」（『家忠日記《いえただにっき》』六月七日条）と、金子二〇〇枚と銀子二〇〇〇枚をくだされたと伝えられているのも、このことを裏づけているのだろう。

公家衆への金くばり

このように、『蓮成院記録』だけをみていると、このときの「金くばり」とは、「諸大名衆」だけを対象にしたものだったかのように思えてしまう。しかしながら、実際には公家衆へも金銀がくだされていたことが、つぎの、宮中の女官が記した『御湯殿上日記《おゆどののうえのにっき》』五月二〇日条からあきらかとなる（『御湯殿上日記』は、全文ひらがなで書かれているが、ここでは読みやすくするために一部漢字にした）。

今日、関白（豊臣秀吉）へ新公家ども御振る舞いありて、金《かね》どもをみなみなに出《い》ださるるとて、六の宮の御方も聚楽へなしまいらせらるる、菊亭《きくてい》・勧修寺《かじゅうじ》・中山・日野・右衛門督《えもんのかみ》・上冷泉《かみれいぜい》・西洞院《にしのとういん》七人御出であり、六の宮の御方へ黄金《きがね》二百枚、白銀《しろがね》千枚まいらせらるる、菊亭より右衛門督までは白銀十枚、西洞院・冷泉へは五枚出だされそうろう、

これによれば、「六の宮の御方」（後陽成《ごようぜい》天皇の弟、のちの八条宮智仁親王《はちじょうのみやとしひと》）に対しては、

「黄金二百枚」（金子二〇〇枚）と「白銀千枚」（銀子一〇〇〇枚）、また、「菊亭」（今出川晴季《いまでがわはるすえ》）「勧修寺」（勧修寺晴豊《はるとよ》）「中山」（中山親綱《ちかつな》）「日野」（日野輝資《てるすけ》）「右衛門督」（高倉永孝《ながたか》）に対しては、「白銀十枚」（銀子一〇枚）、そして、「西洞院」（西洞院時慶《ときよし》）と「冷泉」（冷泉為満《ためみつ》か）に対しては、「五枚」（銀子五枚）がくだされたことがわかる。

「六の宮の御方」の金子二〇〇枚は、家康と同じ枚数となるが、それ以外の公家衆にくだされたのは銀子ばかりで、その枚数もかなり少ない。そのようななか、『当代記』には、「内裡《だいり》へ金千枚、そのほか銀進上なり」とみえ、「内裡」（内裏、天皇）へも金子一〇〇〇枚や銀が進上されたとされている。しかしながら、この点については、ほかの史料にはみえず、判断のむずかしいところといえよう。

「諸大名衆」の分を含め、全体をながめてみると、その配分のしかたには、何らかの基準があったようにも思えるが、残念ながらくわしいことはよくわからない。ただ、いずれにしても、「諸大名衆」へくだされた金子・銀子の枚数のほうが、公家衆よりも多かったという点は指摘できよう。

なお、今回の「金くばり」は、おそくとも同年七月には、秀吉につかえていた御伽衆《おとぎしゅう》（御咄衆《おはなしゅう》）の大村由己《おおむらゆうこ》の手によって「天正記のうち、（中略）金銀の記」という「一冊」の書物としてまとめられたことが確認できる（『言経卿記《ときつねきょうき》』七月三〇日条）。

その後、書物自体の名は、「金クハリの記」（『言経卿記』八月六日条）、「金賦のこと」（『言経卿記』九月二八日条）と変化するが、『当代記』や『太閤記』にみえる「金賦」ということばもまた、これに由来するものだったことはまちがいないところといえよう〔桑田一九六五〕。

かたみ分けとしての金銀

さて、以上みてきた「金くばり」について、『黄金太閤―夢を演じた天下びと―』（中公新書、一九九二年）の著者山室恭子氏は、「何とも直截的で芸のない、しかしそれだけに彼（豊臣秀吉）の気前のよさが強烈に印象づけられる出し物であった」との評価をくだしている。一般的な印象としても同じようなものではないかと思われるが、ただ、そう簡単に割りきってもよいのだろうか〔河内一九九五〕。

というのも、『鹿苑日録』五月二〇日条には、つぎのような記事がみえるからである。

関白殿（豊臣秀吉）御遺物《ゆいぶつ》として金銀諸大名につかわさる、（中略）人の死生はさだまるべからず、そのおわりにのぞまば、病苦・死苦前後を知らざるのことこれあり、ゆえにまず御配分あるべしとうんぬん、

これによれば、今回の「金くばり」は、「御遺物」（かたみ・形見）として「諸大名」へくだされものであり、また、「人の死生」はわからず、臨終のさいには、「病苦・死苦」もわからなくなるので、「金銀」を「御配分」する、といった触れこみまでつけられていた

ことがわかる。

秀吉の死生観がどのようなものであったのかという点をあきらかにすることは、容易ではない。ただ、右の記事が注目されるのは、同じようなことを秀吉はこののちにもおこなったという事実が確認できる点にあろう。たとえば、それはつぎのような史料から読みとることができる。

太閤（豊臣秀吉）御所より御不例につき、御遺物として、公家・門跡へ金銀支配す、（中略）禁中《きんちゅう》へは銀子千枚、若宮御方へは銀子弐百枚、（中略）八条宮へ同三百枚、大都《たいと》かくのごとし、このほか諸大名あるいは黄金三百枚、

右は、醍醐寺の三宝院門跡《もんぜき》義演《ぎえん》の『義演准后《じゅごう》日記』慶長三年（一五九八）七月二五日条にみえる記事である。したがって、これもまた、文禄年間のことではないのだが、ここで目をひくのは、やはり「金銀」が「御遺物」として「公家・門跡」「諸大名」へ「支配」（分けあたえること）されたことが読みとれる点であろう。

ちなみに、七月「十五日には御ゆい（遺）物として諸大名そのほか御奉公衆残らず金銀・御こし（腰）の物拝領」（『西笑《せいしょう》和尚《おしょう》文案』）とあるので、実際には「諸大名」や「御奉公衆」に対しては、二五日よりまえに金銀がくだされたと考えられる。

そのうち、「内府」こと、徳川家康へは「金子三百枚」、また、「大納言殿」こと、前田《まえだ》

利家《としいえ》へも「金三百枚」、そして、「御はなし衆《（咄）》は金子十枚・廿枚、諸馬まわり《（廻）》は五枚・三枚、そうなみは金一枚づつ拝領」（『西笑和尚文案』）とみえ、『義演准后日記』にみえる「黄金三百枚」が、「諸大名」へくだされた総額ではなかったことも知られよう。

このように、慶長三年七月にも、天正一七年五月と同じように、秀吉がいた伏見において莫大な金銀がくだされたことがあきらかとなるわけだが、もっとも、これからわずか一ヵ月後の八月一八日には、秀吉は亡くなってしまうので、こちらのほうは、たしかに「御遺物」としての意味あいもあったのかもしれない。

ただ、そうなると逆に、天正一七年の「金くばり」がなぜ「御遺物」としてくだされる必要があったのかという点が気になる。「御遺物」でなければならない、何らかの理由があったのだろうか。

金くばりの本質

そこで、思いあたるのは、史料でみるかぎり、「金くばり」は、どうやら秀吉側、あるいは秀吉とその政権側からの一方通行の行為であったらしいという点である。通常、中世の社会において、モノを贈る、いわゆる贈与には、かならずそれに対する返礼や礼物などがついてまわるものだが〔桜井二〇一二〕、こと「金くばり」については、それらがおこなわれたという形跡がみられないからである。

ここから、秀吉とその政権が、当初から返礼など期待していなかった、つまりは通常の贈与として「金くばり」をおこなうつもりではなかったことがあきらかとなる。そして、それがもし当をえているとすれば、「御遺物」というのは、打ってつけの名目だったといわざるをえないであろう。なぜなら、「御遺物」のような、いわばかたみ分けとしてもらったモノに対して返礼や礼物などをしようという動きは、おそらく当時においてもおこらなかったと考えられるからである。

こうなると、山室氏が指摘したように、秀吉の「気前のよさ」がその背景にはあったのではないかと思ってしまいそうになる。しかしながら、ここで目をそそぐべきは、むしろ莫大な金銀がくだされたその先のほうであろう。なぜなら、「金くばり」でくだされたのは、いずれも金子や銀子といった貨幣であり、それらは貯蓄されると同時に、消費や利殖にもつかわれたとみるのが自然だからである。

「金くばり」が、「公家・門跡」や「諸大名」「御奉公衆」が集住する一大消費地である京都や伏見でおこなわれたのもそのためだったと考えられるが、もちろん金銀は、日常的な贈答の場面でもおおいにつかわれることになったであろう。「公家・門跡」や「諸大名」「御奉公衆」が集住する京都や伏見は、秀吉とその政権が拠点をおく一大儀礼空間にほかならなかったからである。

こうしてみるとわかるように、「金くばり」とは、秀吉とその政権の経済政策、あるいは貨幣政策と密接にかかわっていたとみるのが妥当である〔本多二〇〇六〕。ただし、それは、あくまで「公家・門跡」や「諸大名」「御奉公衆」といった、いわば領主層に対してのみおこなわれたものであって、町人や百姓に対して直接おこなわれたものではない。

それでは、『慶長見聞集』や『大かうさまくんきのうち』が語るように、町人や百姓が日常的に金銀にふれられるようになるのには、どのようないきさつがあったのであろうか。その点について、つぎに「ならかし」〔河内二〇〇〇、藺部二〇〇二〕という少し耳なれないできごとをとおしてみていくことにしよう。

ならかし

「ならかし」とは、漢字では「奈良借」（『妙法院文書《みょうほういんもんじょ》』『鹿苑日録《ろくおんにちろく》』文禄元年九月二四日条）と書くが、このうちの「奈良」とは、中世京都とならぶ大都市であった奈良を意味し、そして、「借」とは、江戸時代以降では、「貸」という文字をつかうようになる「かす」を意味する。

つまり、「ならかし」とは、奈良に対して何かを「借」（貸）しつけたということを意味しているわけだが、それではいったいだれが何を奈良に「借」（貸）しつけたのだろうか。

金商人

そのことがあきらかとなるきっかけは、つぎのような物騒なできごとからはじまる。

京都において、子守《こもり》のもの、金商人《かねあきゅうど》を殺しおわんぬ、

これは、奈良の興福寺多聞院《たもんいん》の『多聞院日記』天正一九年（一五九一）六月二二日条に

みえる記事である。「子守」とは、奈良の子守（子守郷、子守町）を意味し、したがって、その子守の町人が、京都で金商人を殺すという事件がおこったことが知られよう。

ここにみえる金商人とは、かつては「かねうり」などとよばれた、金の売買や両替をおこなう商人を意味しているが、これだけをながめていると、その金商人と子守の町人とのあいだでトラブルが発生し、それをきっかけにしてひきおこされた個人レベルの事件だったようにみえる。

ところが、『多聞院日記』の記事を追っていくと、七月四日条には、「寺林《てらばやし》」（寺林郷、寺林町）の「良心というもの」が「金につまり腹切り」、また、同月二三日条にも、つぎのような悲惨なできごとがおこったと目のあたりにするにいたって、単なる個人レベルのトラブルにとどまるものではなかったことがあきらかとなる。

今井与介とやらん、女房・子を指《(刺)》し殺し、腹切り、家に火をかけ死におわんぬ、あさましあさまし、金商に責めたてられ、せんかたなくかくのごとし、

奈良町人の「今井与介」が一家心中したうえ、「家」に火をかけなければならなかったのは、「金商」（金商人）に「責めたてられ」、「せんかた」（どうしようも）なかったためであった。寺林の良心が「腹切り」した理由という「金につまり」もまた、同様だったのだろう。

以上のことからは、奈良でも金子《きんす》が流通しており、町人たちもそれをつかわざるをえない状況にあったこと、また、そのためには金商人から金子を借りなければならず、その利息がはらえないものたちの身にさまざまな悲劇がおこっていたことも読みとれる。と同時に、これらのことからは、『慶長見聞集《けいちようけんもんしゆう》』や『大かうさまくんきのうち』が伝えるように、金子の流通が町人たちをかならずしも豊かにするだけではなく、逆に苦しめることにもなっていたという事実もうかびあがらせてくることとなろう。

徳　政　ところで、右でみたトラブルは、じつは奈良全体にもおよんでいたようで、『多聞院日記』七月一八日条によれば、「奈良中金商につき、迷惑におよぶゆえ」、「一揆」がおこるとの「雑説」（うわさ）がながれていたこともわかる。

おそらくは、そのためであろう、一連の騒動は、「関白殿（豊臣秀吉）へ聞きおよばれ」（秀吉の耳にもとどき）、「三年のあいだ譴責《けんせき》をとめ」る「御朱印」（秀吉の朱印状）が出されるとの一報も伝わっている（七月二〇日条・八月二三日条）。

そして、実際に、「和利《わり》つけの金銀米銭奈良中の分、徳政」の朱印状が八月二五日に到来し、「タチカラ」（春日社末社手力雄社《たぢからおしや》）にその「札」が打たれたことも、『多聞院日記』同日条からあきらかとなるのである。

ここに登場する手力雄社は、現在も橋本町に残されているが、同地は奈良でもっとも繁

図3　手力雄社

華な三条通りに面し、江戸時代には公儀高札場《こうさつば》が置かれたところとしてもよく知られている。おそらく、このころにおいても、「タチカラ」周辺というのは、同じような位置づけがなされていたのであろう。

このとき、「タチカラ」に打たれた「札」の文面（『多賀家文書《たがけもんじょ》』）も、さいわいなことに伝えられている。つぎがそれである（播磨良紀氏のご教示による）。

今度大和国奈良町中へ和利つけに借し置く金銀米銭のこと、ことごとく奇破（棄）せられおわんぬ、その段かたく申しつくべくそうろうなり、

天正十九年八月廿四日　御朱印

「奈良町中」へ「借」（貸）しつけられた「金銀米銭」については、すべて「奇破」（破棄）

するといった文面は、いわゆる「徳政」令によくみられるものである。したがって、秀吉とその政権は、今回の騒動に対して、いわゆる徳政令を出して事態を収束しようとしていたことがあきらかとなろう。

もっとも、右の史料や『多聞院日記』にみえる「和利つけ」ということばが気にならないでもないが、これについてはあとでみることとして、『多聞院日記』によれば、これからおよそ二ヵ月後の一〇月晦日条に、「奈良中金商人の張本人ども」が「中坊《なかのぼう》」に「召し籠」められ、その「宿は検符(封)せしめ、番をつ」けられたことがわかる。

ここにみえる「中坊」とは、当時、奈良をあずかる「南京奉行」（『庁中漫録《ちょうちゅうまんろく》』）の職にあった井上源五《げんご》（井上源五郎高清《たかきよ》）の屋敷を意味しており、したがって、徳政令が出されたのち、金商人のうち「張本人」（首謀者）たちは籠屋（牢屋）に入れられ、その家も「検符」（さしおさえ）されてしまったことがあきらかとなろう。

「南京奉行」井上源五

こうしてみると、一連の騒動も、いわば悪徳な金商人がこらしめられたことで一件落着したかのようにみえる。ところが、実際には、これではおさまらなかった。

というのも、『多聞院日記』の記事を追っていくと、翌天正二〇年（一五九二）四月二九日条にふたたび「一揆のもよおしか、奈良中のものども」が春日《かすが》山中の「高山《こうぜん》」（香山）で「参会」したことがみえ、そして、その「参会」の理由が、「源五より金借し催促」、つまりは、「南京奉行」の井上源五による「金借し催促」にあったことがあきらかとなるからである。

もっとも、これだけでは問題の核心がどこにあるのかといったことまではわからない。ただ、これからおよそ四ヵ月たった八月三〇日の記事をみてみると、「奈良中のもの家並に郡山《こおりやま》へくだるべし」との命令がくだされ、そのまま郡山（大和郡山）に「みなもって指しとどめら」れたことがわかる。

それればかりか、「女房衆」を「中坊」で預かるため、「町々に番が付けられ」「人をも通さ」ないようにされたうえ、翌九月朔日の記事からは、郡山において「奈良中の衆ことごとく」「庫《くら》」（籠屋《ろうや》のことであろう）に入れられてしまったということもあきらかとなるのである。

ここからは、奈良の町人たちと井上源五とのあいだでトラブルがおこっていたらしいことがうかがわれるが、それが「金借し催促」にかかわるものであったという以上、今回の動きと先の騒動とのあいだには何らかのつながりがあったとみるのが自然であろう。

江戸時代の奈良奉行所与力《よりき》の家に伝わった『庁中漫録』という記録によれば、井上源五は、秀吉の弟豊臣秀長《ひでなが》（羽柴秀長）が郡山に居城をかまえたころに「南京奉行」職を「天

図4　豊臣秀長（禅林寺所蔵）

正十三年よりあい勤」め、「寺社ならびに町方の政事をもっぱらつかさど」ったという。

もっとも、秀長は天正一九年正月二二日に「五十一才」で「死去」（『多聞院日記』正月二三日条）しているので、このころの郡山城主には、秀長の養子豊臣秀保《ひでやす》（羽柴秀保）のすがたがあった（北堀二〇一四）。

したがって、奈良の町人たちを郡山に呼びよせ、「庫」に入れたのも、秀保やその周辺だったと考えられるが、ところが、そこからのがれたものもいたようで、今度は、「大坂において」「直訴」におよんだということが『多聞院日記』九月六日条から知られる。そして、それによって、井上源五の行状もしだいにあきらかとなっていくことになる。

奈良町人の直訴

じつは、このときに書かれた「直訴」状の写が『庁中漫録』には伝えられている。それは、（天正二〇年）九月二日の日付で、「奈良惣中」

の差し出し、秀吉側近の「木下半介」（木下吉隆《よしたか》）と「山中橘内《きつない》」（山中長俊《ながとし》）にあてた全一三カ条におよぶものとなっているが、そのなかの第四条に井上源五の行状が記されている。関係するところだけを引用してみるとつぎのようになろう。

一、大光院様（豊臣秀長）の御金五百枚あまり和利つけに奈良へ御借しなされそうろう、すなわち
　毎月利平《りびょう》を銀子にて源五殿（井上）過分にお召しなさる、ならびに井上源五殿わたくしの
　金二百枚あまり、これも大光院《だいこういん》様の御金と名づけ、奈良中へ御借しつけそうらいて、
　これも過分の利平御とりなされそうろう、

冒頭に出てくる「大光院様」とは、秀長の法名を意味するが、ここから、天正一九年に騒動となっていた「金」とは、じつは「大光院様」の「御金五百枚あまり」を金商人をとおして奈良の町人たちへ「和利つけ」（割り当て）て「借」（貸）しつけられたものだったことがわかる。そして、その「利平」（利息）が、「銀子」でおさめられて、最終的には井上源五のもとへ集められるようになっていたこともあきらかとなろう。

ここにみえる「和利つけ」が、先にみた秀吉朱印状の写しにも書かれていた「和利つけ」を意味するわけだが、このように、奈良の町人たちを苦しめていた「金」とは、流通にのって出まわっていた金子ではなく、権力がいわば強制的に、しかも「和利つけ」て「借」（貸）しつけていたものだったことが知られる。

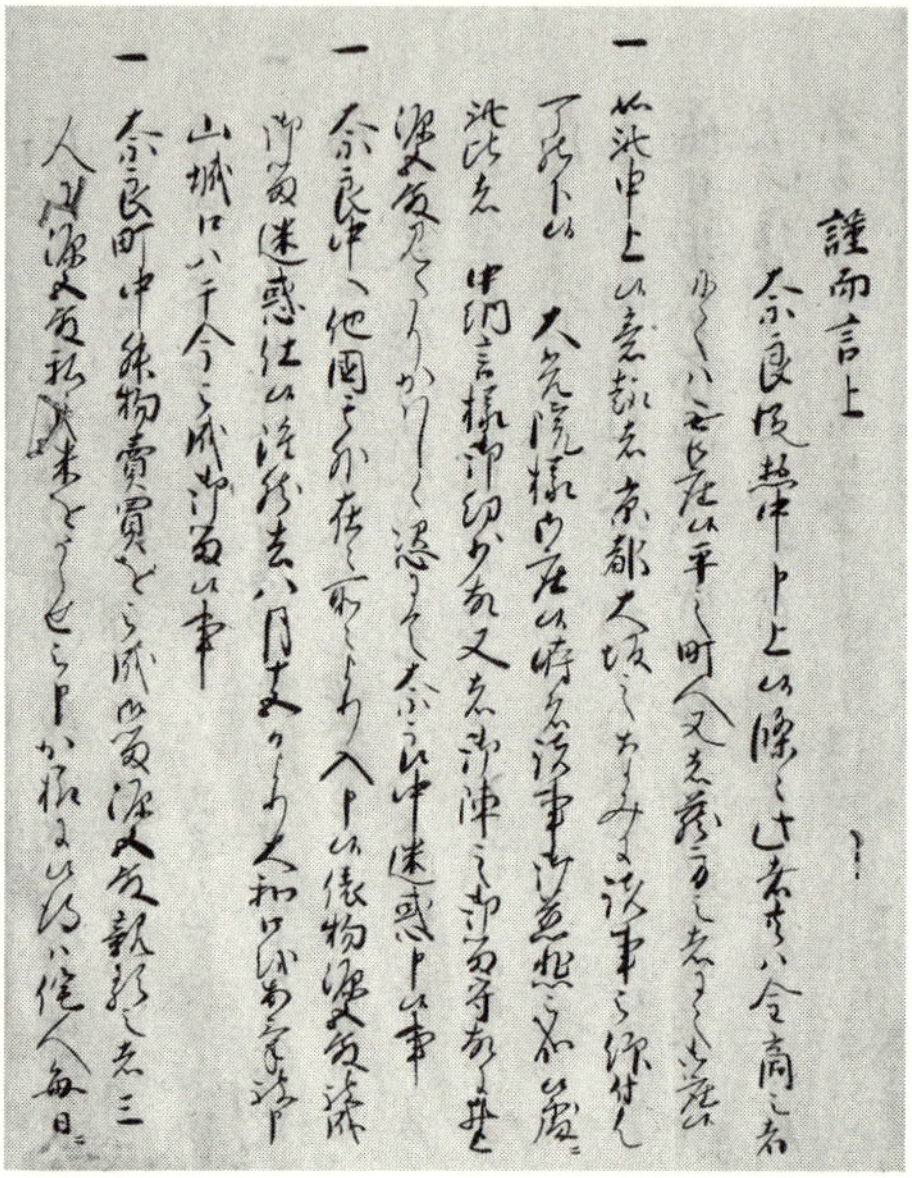

図５　奈良惣中直訴状（『庁中漫録』奈良県立図書情報館寄託）

そして、その過程で、井上源五が「利平」を「過分」にとったり、また、「わたくしの金二百枚あまり」も「大光院様の御金と名づけ」て「過分の利平」をとるといった不正をおこなっていたために「直訴」されるにいたったこともあきらかとなるのである。

おそらくこのような不正は、天正一九年段階ではあきらかとなっていなかったのだろう。責任のすべてを金商人へ押しつけるかたちでいったん幕引きがなされた。それが、どのような経緯で発覚したのかといったことまではわからないが、『多聞院日記』九月八日条には、「直訴のさまは、ことごとく地下人《じげにん》の勝ち」とみえ、また、九月二二条にも「郡山籠に入る衆、今日ことごとく出でおわんぬ」とあることから、「直訴」が成功したとの情報が奈良へもたらされたことは知られよう。

ちなみに、この年の七月二二日に秀吉の母大政所《おおまんどころ》が、「七十六才」（『多聞院日記』八月二五日条）で亡くなったため、関白職をゆずり太閤とよばれていた秀吉は、対外戦争の拠点である肥前名護屋《なごや》から帰陣し、八月から九月にかけては大坂に滞在していた〔藤井編二〇一二〕。したがって、今回の「直訴」に対して判断をくだしたのは、京都の秀次ではなく、大坂の秀吉とその周辺だったこともあきらかとなろう。

不可解な結末

さて、郡山の籠屋に入れられていた奈良の町人たちが出てきて数日たった九月二五日、なぜか「奈良中の衆ことごとくもって京へ召しあげ」られたことが『多聞院日記』同日条にみえる。

また、二七日条には、「金商の衆ことごとくもってまた大坂へくだり」、そして、一〇月朔日条には、「今朝」「太閤」秀吉が「西国へ」「御出馬」したことと、「関白殿」秀次に「糺決《きゆうけつ》あるべきのよし仰せ置かれ」たことが記されている。

残念ながら、このときの秀次の「糺決」（審理を究明し、ものごとの正邪をただすこと）が、どのようなものであったかという点についてはさだかでない。ただ、一〇月九日に「京において奈良衆ことごとく籠に入れられ」（『多聞院日記』同日条）、また、翌一一月四日には、「京より籠者の衆少々帰」ってきたと記されていることからすれば、奈良の町人たちへも何らかの沙汰がくだされたと考えるのが自然であろう。

いっぽう、金商人のほうはといえば、「昨日、金商の中衆、またことごとく籠へ入れられ」と『多聞院日記』一〇月二三日条にみえ、それからおよそ一年もたった文禄二年（一五九三）九月朔日《ついたち》条に「金商人親類とことごとく判をさせ」、「籠者の衆ことごとく出」たとみえる。金商人は、「親類」に連帯保証をしてもらったうえで、ようやく籠屋から出られたことがあきらかとなろう。

もっとも、これでもなお事態はおさまらなかったようで、文禄二年一二月一七日条にも、「奈良中は今に金商の沙汰やまず」とみえる。しかしながら、文禄三年三月七日条には、「金商以下一円あい終て、すでに家をあけ、借家の式」とみえるので、金商人の多くが没落し、その家々も「借家」となって、ようやく事態は終息にむかったことが知られよう。

ところで、不正をはたらいたという「南京奉行」井上源五は、どうなったのだろうか。この点については、たとえば、秀次側近の駒井重勝《こまいしげかつ》が記した『駒井日記』の文禄三年二月二一日条に、「関白様（豊臣秀次）奈良にての御座所井上源五所」とみえることからもわかるように、一連の騒動後も奈良に在住していたことがあきらかとなる。

また、『庁中漫録』によれば、慶長五年（一六〇〇）に死去するまで「南京奉行」の職も勤めたとされているので、何らの処罰もうけなかったと考えられよう。

このように、一連の騒動は、金商人が没落し、「直訴」をおこなった奈良の町人たちも籠屋に入れられたのちに解放、いっぽう、不正をはたらいたとされる井上源五にはお咎めなし、というきわめて不可解なかたちで結末をむかえることになる。

それではなぜ、そのようになってしまったのか、当然、そこには、『多聞院日記』からでは知りえない、秀吉とその政権にとって不都合な事情があったと考えざるをえないであろう。

政権の施策としての奈良借

そこで、注目されるのが、奈良ではなく、京都の相国寺《しょうこくじ》鹿苑院でしたためられた『鹿苑日録』天正二〇年九月二四日条にみえる、つぎのような記事の存在である。

> 大衆《だいしゅ》を集め、玄以《げんい》の甲第《こうだい》につかわすなり、すなわち大納言殿（豊臣秀長）の屋形において一庵法印《いちあんほういん》これをやとい、奈良借金銀の帳これを写すなり、けだし廿人あまりこれありといえども、無筆の僧は帰るなり、

文中にみえる「玄以」とは、秀吉の家臣にして、所司代《しょしだい》としてその名が知られる玄以（いわゆる前田玄以）のことだが、その玄以の「甲第」（屋敷）へ相国寺の「大衆」（僧侶たち）が派遣された。

そして、その目的とは、「大納言殿」（豊臣秀長）の「屋形」（屋敷）において、秀長・秀保の重臣である「一庵法印」（一晏法印）の要請により、「奈良借金銀の帳」なる帳簿を

「写」（筆写）させることにあったという。

「大衆」が「廿人あまり」も集められたという点からも、問題の帳簿が大部なものだったことがうかがえるが、それ以上に注目されるのは、「奈良借金銀の帳」なる帳簿が、秀長の死後、「万事おのおの一晏法印次第」（『多聞院日記』天正一九年閏正月二七日条）とまでいわれた重臣の手元にあったという事実であろう。

ここにみえる「奈良借」こそ、「ならかし」と読まれるものであり、そして、これによって、一連の騒動が、「南京奉行」井上源五による不正というレベルにとどまるものではなく、より高いレベルですすめられていた施策につながるものだったことがあきらかとなるからである。

天正二〇年九月二四日といえば、奈良の町人たちによる「直訴」がおこなわれてまもなくという時期にあたる。そのような時期に、右のような作業が京都ですすめられていたとは、奈良の町人たちは夢にも思わなかったであろう。

しかも、その作業に所司代玄以もかかわっていたという点から考えて、関白秀次や太閤秀吉が無縁であろうはずはない。実際、彼らのかかわりについては、つぎの史料からあきらかとなる。

一、今度奈良借について出《い》だしそうろう金銀、これらをも右の船の用に入《い》ることとそう

図6　安宅船模型（名護屋城博物館所蔵）

らわば、あい渡すべきこと、

これは、天正二〇年一〇月一〇日に秀吉から秀次へ出された朱印状（『妙法院史料』）の一節である。すでに文禄の役とよばれた対外戦争は始動しており、そのなかでつかわれる「船」（「安宅船《あたけぶね》」）の「用」（用途、費用）として必要であれば、「奈良借」で集めた「金銀」もつかうようにというのがその内容である。このような秀吉から秀次への指示を目のあたりにしたとき、「奈良借」が、秀吉とその政権によっておしすすめられていた施策にほかならなかったことはもはやうたがう余地のないところといえよう。

このようにしてみると、井上源五が処罰されなかったことも、また、何の罪もない奈良の町人たちが籠屋に入れられたことにも納得がいく。政権そのものがおしすすめていた施策である以上、どのような騒動がおころうとも、あるいは訴えがあろうとも、あいまいなかたちで決着をつけざるをえなかったと考えられるからである。

いずれにしても、「奈良借」＝「ならかし」とは、秀吉とその政権が金を奈良に「借」（貸）しつけるという施策そのものを指していたのであり、そして、その施策のなかで、奈良の町人たちは塗炭の苦しみを味わされていたという事実が、以上からあきらかとなるのである。

町人にとってのならかし

こうして、いやがおうでも手にふれることになった金銀について、奈良の町人たちが、「弥勒の世」や「ありがたき御世」を実感していたとはとうてい思えない。もっとも、その彼らの思いを史料は黙して語ってくれないが、ただ、そのようななかでも、「ならかし」ということばだけは、江戸時代前期まで伝えられていたという事実には注目する必要があろう。

たとえば、それは、落語家の祖といわれる京都誓願寺《せいがんじ》の安楽庵策伝《あんらくあんさくでん》によって編まれた『醒睡笑《せいすいしょう》』巻之一のなかに、つぎのような「落書《らくしょ》」（落首《らくしゅ》）としておさめられていることからもわかる。

秀吉公の御時、ならかしということあり、かしたるもの、もとを失墜せしうえに、な

お放埒《ほうらつ》のはたらき罪科軽からずとて、ふたたび黄金を出ださせたまえば、
奈良かしやこの天下殿二重取り、とにもかくにもねだれ人かな

かつて秀吉の時代、「ならかし」（＝奈良かし）ということがあったが、そのときに「黄金」を「借」（貸）したものは、その元金をうしなったうえに、なおそのふるまいが罪深いという理由で秀吉に再度黄金を召しあげられてしまった。このように黄金を「二重取り」した「天下殿」秀吉は、「ねだれ人」（『日葡辞書《にっぽじしょ》』によれば、いろいろな計略、策をもちいて人に損害をあたえようと他人をあざむく人、狡猾《こうかつ》な人）である、と。

「落書」とは、ときの権力者に対する批判や、社会に対する風刺をまじえた匿名の文書を意味しているが、このように、「ならかし」ということばが「落書」にのせられて、江戸時代前期まで伝えられてきたという事実からも、奈良の町人たちが味わった苦しみは、けっして消えさることはなく、人びとのあいだでひろく深く、そして時をこえてながく共有されつづけていたとみることができるだろう。

金くばりのゆくえ

ところで、一連の騒動が表面化する少しまえ、天正一七年という年に豊臣秀長が奈良に対して、つぎのような「借」（貸）しつけをおこなっていたことが『多聞院日記』一〇月五日条から読みとることができる。

奈良中へは大納言殿《（豊臣秀長）》より金子一枚を代米《だいまい》四石ずつにして、一万石ばかり町々へ借用、

押してかくのごとし、金は来年の春にとるべきよしなり、

これによれば、秀長は、「金子一枚」を「代米四石」としたうえで、米「一万石ばかり」を奈良の「町々」に「借」（貸）しつけ、その利息を「来年の春」に「金」でおさめるよう命じていたことがわかる。右の換算でいえば、米一万石は、金子二五〇〇枚となる。ちょうど同じ年の五月に「金くばり」がおこなわれたことをふまえるならば、そのときにくだされた金子もつかわれていた可能性は高いであろう。

また、ここにみえるような「町々」へ「借」（貸）しつけることを、あるいは「和利つけ」といっていたのかもしれないが、利息を「金」で集めるという以上、奈良でも貨幣としての金子が一定程度流通していたことがわかる。と同時に、「ならかし」では、「利平」（利息）が「銀」であつめられていたので、銀子もまた、同じように流通していたことがあきらかとなろう〔浦長瀬二〇〇一〕。

こうしてみると、問題の「奈良借」＝「ならかし」も、この天正一七年にはすでにはじめられていたと考えることも可能かもしれない。そういえば、先に引用した天正一九年八月二四日付けで出された秀吉の朱印状にも、「奈良町中へ和利つけに借し置く金銀米銭」とみえ、「金銀」のほかに「米」や「銭」も「借」（貸）しつけられていたことが知られるからである。

ここで注意しておく必要があるのは、ここまでみてきたようなことが奈良に対してのみおこなわれたものだったかのように考えてしまうことである。じつは奈良以外でも、たとえば、「太閤の譜代の御家人」にして、秀次家臣として知られる「木村常陸守《ひたちのかみ》」（常陸介重茲《しげこれ》）も、「越前の国府中の城」下において、「八木《はちぼく》」（米）を「府中の町人家なみにあずけおき」、「一倍五割に金銀を召しお」いたということが『大かうさまくんきのうち』には記されている。

「一倍五割」とは、一・五倍にするということなのだろうか、はっきりとしたことはわからないが、いずれにしても高利であったらしく、利息をけらえない町人のうち、あるものは「逐電《ちくでん》」（にげ去り）し、あるものは「自宅」を「沽却《こきやく》」（売却）してまで「金銀」をはらわざるをえなかったと『大かうさまくんきのうち』は伝えている。

残念ながら、この越前府中の場合、それがおこなわれた年代がわからない。ただ、秀長の場合と揆を一にしているという点からしても、「金くばり」以後のことと考えてまちがいないであろう。

おそらく同じようなことは、ほかの都市や城下町でもおこなわれていたのではないかと思われるが、以上のことからもあきらかなように、「金くばり」によって「公家・門跡」や「諸大名」「御奉公衆」へとばらまかれた金子や銀子は、まわりまわって町人たちの手にもわたるようになっていったいっぽうで、それらに利息をつけて回収しようとする「奈良借」のような権力による強制的な「借」（貸）しつけによって翻弄され、苦しめられた人びともまた、少なくなかったことをみのがしてはならないであろう。

「金銀貨の流通」は、たしかに一部の人びとには富をもたらしたのかもしれない。極端な例でいえば、秀長が亡くなった直後、その手元に残された「金子は五万六千枚あまり」、「銀子は二間《けん》四方の部屋に棟きわめて積みてあり、数は知れず」、「料足《りようそく》」（銭）にいたっては、「何万貫あるも積もりは存ぜず」（『多聞院日記』天正一九年正月二七日条）といったようにである。

しかしながら、それがそのまま、「土民までも安楽にさかえ」ることにむすびついていったのかといえば、やはりそこには疑問符をつけざるをえないであろう。むしろ貧富の差は拡大し、それに対する不公平感が社会全体をうずまいていくことになるからである。

不穏な京の町

喧嘩

秀次家臣同士の刃傷事件

文禄二年（一五九三）七月八日、京中を震撼させる喧嘩《けんか》がおこった〔藤木一九九五、藤田二〇〇三〕。ここでいう喧嘩とは、武器を手にした刃傷《にんじょう》沙汰のことだが、これについては、複数の記録が残されており、そのようすをうかがうことができる。たとえば、そのひとつ、公家の西洞院時慶《にしのとういんときよし》の日記『時慶記』（『時慶卿記』）七月八日条には、つぎのように記されている。

糺《ただす》の森において、殿下（豊臣秀次）の小姓衆《こしょうしゅう》安藤（東）□□（平蔵）、また幽斎（細川）の■■下臣物書《ものかき》の長以同心して喧嘩、当座に打ち死にす、討手は誰とも知らざるのよしなり、

糺の森とは、下鴨《しもがも》社（賀茂御祖《かもみおや》神社）境内にある森のことであり、今でもそのおもかげをよく残しているところで知られている。そのような場所で、「殿下」（関白豊臣秀次《ひでつぐ》）の

図7　糺の森

「小姓衆」の「安藤」(安東)平蔵《へいぞう》と「幽斎《ゆうさい》」(細川幽斎)の「物書」(右筆《ゆうひつ》)「長以」のふたりが、「喧嘩」にまきこまれて、「当座」(その場)で殺されてしまった。ところが、ふたりを殺した「討手」は、「誰とも知らざる」ものだったという。

時慶の耳に入った、このような一報だけでは、くわしいことはよくわからないが、これに、相国寺鹿苑院《しょうこくじろくおんいん》の記録『鹿苑日録』七月九日条に記された、つぎの記事も重ねあわせていくと、状況が少しづつあきらかとなってくる。

昨日の喧嘩の一方は安東(平蔵)なり、一方は御《お》弓衆《ゆみしゅう》なり、安東即時に死去なり、幽斎(細川)衆長以死ぬなり、御弓衆逃げ隠くるなり、方々国々にいたり追いのがる、

「安東」と「長以」が「即時に死去」したところまでは『時慶記』と同じだが、喧嘩相手の「一方」が「御弓衆」と記されている点が注目されよう。

というのも、この「御弓衆」とは、前日条に「殿下衆喧嘩」とみえることから、安東と同じく秀次につかえるものたちだったことがあきらかとなるからである。つまり、今回の喧嘩とは、「小姓衆」と「御弓衆」という、秀次の家臣同士によるものであった。

その喧嘩が大きな騒動へと発展していくのは、右にもみえるように、安東らを殺した「御弓衆」が「逃げ隠」れ、「方々国々」までのがれてしまったことによる。そして、その「御弓衆」を見つけ出すために、つぎのような動きもみられるようになる。

「京中屋サガシ」

京中屋サガシあり、昨日喧嘩の討手知らざるの義につきなり、

これは、『時慶記』七月九日条にみえる記事だが、それによれば、喧嘩がおこった翌日、「討手」を見つけ出すために「京中屋サガシ」なるものがおこなわれたことがわかる。

それでは、その「京中屋サガシ」とは、どのようなものだったのだろうか。そのことをみていくまえに、もう少しだけ今回の喧嘩について、その経過をたどっておくことにしよう。

じつは、これまでの研究ではあまりふれられてこなかったが、公家の吉田兼見《よしだかねみ》の日記

『兼見卿記』にも、つぎのような記事がみられる。

幽斎（細川）筆者長以・安東平三郎（平蔵）、鴨にいたり、地下人《じげにん》誘引せしめ、芝居のところ、殿下御弓衆四十人出合い、不慮に口論せしめ、長以・安東を当座において殺害すとうんぬん、

安東と長以は、「鴨」（下鴨社）で「芝居」見物でもしていたのだろうか、「殿下御弓衆四十人」と出くわし、「不慮に」（思いもかけず）「口論」となり、その結果、「殺害」されたことがわかる。

ここにみえる「芝居」がもし事実であったとするならば、現場は糺の森ではなく、あるいは、糺《ただす》河原《がわら》だったのかもしれない。実際、『鹿苑日録』七月八日条にも、「東河原」とみえ、また、ほぼ同時期に下鴨社の「芝」で「あやつり」（操芝居）（八坂神社所蔵『鴨脚家文書』）がみられたことも知られているからである。

「口論」にいたった理由については、残念ながらさだかではないが、ただ、「殿下御弓衆」が四〇人もいたという以上、ふたりを殺した「討手」が、ひとりやふたりではなかったことはあきらかといえよう。

このように、みずからの家臣同士が「喧嘩」をおこしてしまったということもあったのだろう、主人である秀次がただちに対応したことが、同じく『兼見卿記』七月九日条から読みとれる。

図8　豊臣秀次（京都瑞泉寺所蔵）

> 殿下（豊臣秀次）より昨日鴨における喧嘩曲事《くせごと》のよし仰せ出だされ、御弓の衆おのおの御糺《きゅう》明《めい》すとうんぬん、昨日の衆多分逐電《ちくでん》せしむるのよし申しおわんぬ、京中町々あい尋ねらる、もってのほかの騒動のよし申しおわんぬ、

今回のできごとがいつ秀次の耳に入ったのか、ということまではわからない。ただ、秀次が、ただちに「御弓の衆」を「糺明」（糾明）しようとしたところ、「多分逐電」してしまったため、「京中町々」を捜査せざるをえなくなったという事情は知られよう。その結果、「もってのほかの騒動」に発展してしまったのであった。

請文の提出

『兼見卿記』からは、このように、「京中屋サガシ」にいたる経過がくわしくたどれるわけだが、それでは、その「京中屋サガシ」とは、具体的にどのようなものだったのだろうか。

じつは、この点については、関連する文書が複数残されている（『大中院文書《だいちゅういんもんじょ》』）。表2は、それらを一覧にしたものだが、その一通をみてみると、つぎのようなものとなろう。

昨日糺において安東平蔵殿を切り殺しそうろうにつき、彼の相手御尋ねなされそうろうにより、当町ことごとく屋《や》さがしつかまつりそうらえども、手負《てお》いこれなくそうろう、ならびに夕より今朝までのあいだに家を明けそうらいて、まかり越そうろうものもこれなくそうろう、また知らざる女房に宿をかしそうろうものも御座なくそうろう、自然不審なるものそうらわば、申し上ぐべくそうろう、もし見隠し、聞き隠しそうろうにおいては、御糺明次第、一町《いっちょう》御成敗なさるべくそうろう、以上、

文禄二年

七月九日

今立売東町《いまたちうりひがしちょう》　寿阿弥（花押）　宗善（花押）
栄任（花押）　わん屋（花押）
彦兵衛（花押）
（中略）　与左衛門（花押）
（中略）
甚三郎（花押）　喜右衛門（花押）
宗俊（花押）

与次（花押）

民部卿法印（前田玄以）様

御奉行中まいる

文書の種類としては、請文《うけぶみ》（請状）とよばれるもので、差出の面々が本文の内容を承諾する旨が記されている。そして、その内容とは、おおよそつぎのようなものであった。

「安東平蔵殿」を「切り殺し」た「相手」について、「当町」（今立売東町）内を「ことごとく屋さがし」したけれども、関係者とおぼしき「手負い」（負傷者）もおらず、喧嘩がおこった昨「夕より今朝まで」「家」を「明け」たものもいない。

また、見知らぬ「女房に宿をかし」たものもいないし、もし、「不審」者をみつけたならば、かならず申し出るつもりである。それでもなお、「見隠し、聞き隠し」たということが発覚したならば、「御紀明」をうけたうえで、「一町」全員が「御成敗」をうけてもか

番号	備　考
113	西京
114	
115	
116	
117	
118	
119	
120	
121	中のくみ
122	中組
123	やふの内町　くミ
124	
125	
126	
127	
128	かうたうの内西半
129	
130	中くミ
131	
132	
133	新在家くミ
134	中組
135	
136	
137	中組
138	本文あり
139	
140	
141	新在家くミ
142	
143	

表2　京中屋サガシ

在　所（町・寺）	差　出	宛　所
行衛丁	与右衛門尉ほか２名	民部卿法印様御奉行衆中
しゆらく東うおや町	助兵衛ほか20名	御奉行様まいる
寺町信楽寺まへ丁	与兵衛ほか２名	民部卿法印様御奉行衆中
近衛町	五介ほか３名	民部卿法印様御奉行中
二条からすまる少将院下町	源左衛門ほか８名	民部卿法印様御奉行中
近衛のよこ町	新右衛門尉ほか５名	（後欠）
大恩寺町□半町	市右衛門ほか６名か	民部卿法印様御奉行
からす丸通堀内町	助右衛□（門カ）ほか9名か	民部卿法印様□（御）奉行
ふくろ屋丁南半町	五郎兵衛ほか１名	法印様御奉行参
不動町半丁	理右衛門ほか２名	民部法印様御奉行中
下富小路町	清金ほか１名	法印様御奉行参
大夫西町	次郎兵衛ほか１名	民部卿法印様御奉行衆中
少将殿かミの町	（欠）	（後欠）
今立売東町	宗善ほか27名	民部卿法印様御奉行中まいる
二条玉屋町	与左衛門尉ほか１名	民部卿法印御奉行中
三本木横　講堂町	伊兵衛ほか２名	御奉行様まいる
正念寺	正念寺	民部卿法印様御奉行衆中
綾小路とうちやう町	宗連ほか２名	民部卿法印様御奉行中
新在家中町	石井弥一ほか１名	民法印様御奉行衆御中
新在家北ノ西町	寺雲ほか１名	民部卿法印様御奉行衆御中
わうせ町	惣右衛門ほか２名	民部卿法印様御奉行衆御中
□（善カ）長寺町	梅やほか２名	□□□□（民部卿法）印様御奉行中
京極通みこく石町	（欠）	御奉行様参
誓願寺前町	道悦ほか１名	法印様御奉行衆まいる
五条坊門町尻北半町	宗松ほか２名	□□□□（民部卿法）印様□□□□
（欠）	（欠）	（欠）
（欠）	寿閑ほか３名	民部卿法印様御奉行中
烏丸通□屋之裏の町	□□右衛門尉ほか10名	民部卿法印様御奉行御中
（欠）	（欠）	民部卿法印様御奉行衆御中
専称寺	専称寺	民部卿法印□（様）御奉行衆中
万里□□□	（欠）	□（民）部卿法印□□□

文書の年月日はすべて文禄２年７月９日.
番号は『大中院文書』の番号.

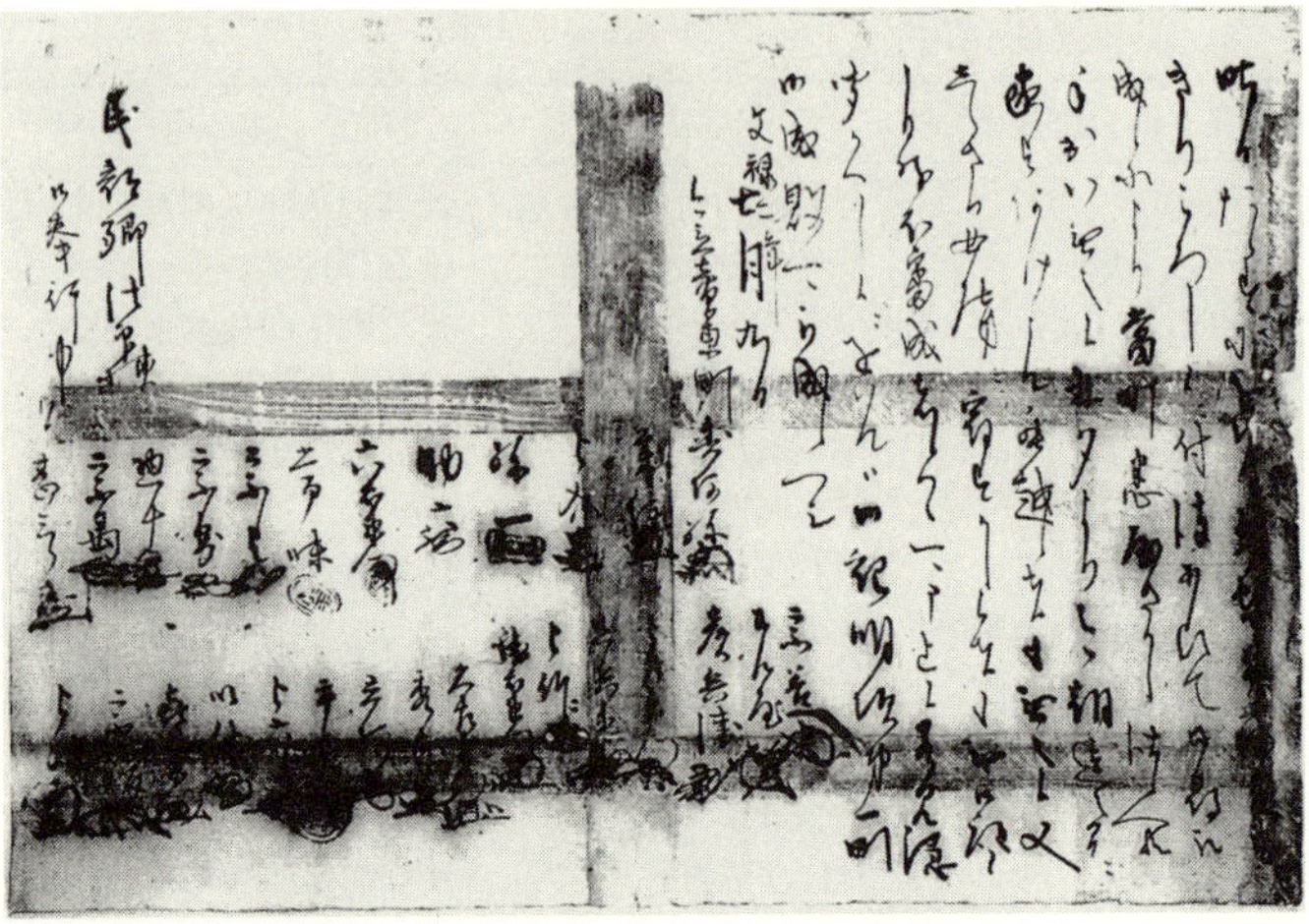

図9　請　文（『大中院文書』大中院所蔵）

まわない、と。

文中にみえる「屋さがし」が、「京中屋サガシ」の「屋サガシ」にあたるわけだが、ここからは、その「屋サガシ」が、文字どおり家一軒一軒をくまなく調べあげることであったことがわかる。と同時に、役人がそれをおこなうのではなく、各町ごとに自主的におこなわせていたというところにも特徴がみられよう。

現在残されている三一通の請文をみてみると、文字のつかいかたなどに多少の違いがみられるものの、年月日を含めて、その文面は、ほぼ共通している。おそらく、ひな形のようなものがくばられたり、回覧されたりして作成されたのであろう。

また、右の「今立売東町」では、町人全

員の署名と花押（直筆のサイン）がしたためられているが、ほかの町では、「行事」や「月行事《がちぎょうじ》」、あるいは、「年寄」「宿老」といった町の代表者の署名と花押・印だけというものもある。請文の差出のしかたには、多少の独自性がみとめられていたと考えられよう。

民部卿法印様御奉行衆

ところで、三一通の請文のなかには、表2からもわかるように、寺院が提出した請文もあり、「京中屋サガシ」が町々だけを対象としたものではなかったことがあきらかとなる。じつは、そのあたりの事情についても、『兼見卿記』七月一二日条がつぎのように伝えている。

今度鴨における喧嘩の相手四十人あまり、ことごとく御成敗あるべきのあいだ、洛中洛外あい尋ねらるるなり、在々所々《ざいざいしょしょ》請文つかまつるべきのよし、奉行二人をもって、御触れなり、

文中にみえる「請文」というのが、先に引用したものとなるが、右の記事によって、「京中屋サガシ」が「洛中洛外」の「在々所々」までを対象としたものであったことがわかる。また、それは、「喧嘩の相手四十人あまり」を「御成敗」するためのものであり、そして、それを「奉行」が「御触れ」ていたこともあきらかとなろう。

ここで登場する「奉行」とは、一連の流れからすれば、秀次配下の奉行のようにもみえなくもない。しかしながら、表2の宛所をみてみると、いずれも「民部卿法印《みんぶきょうほういん》様御奉行

図10　前田玄以（蟠桃院所蔵）

衆」とあり、この「民部卿法印」が、当時、所司代《しょしだい》の職にあった、いわゆる前田玄以《まえだげんい》を意味することから考えれば〔伊藤二〇〇三〕、所司代配下の奉行であったことはまちがいないところといえよう。

　つまり、所司代配下の奉行衆が、「洛中洛外」へ「御触れ」し、「在々所々」から「請文」を提出させつつ、関係者の捜索をおこなっていたことがわかる。ここで問題となるのは、それが秀次の指示によるものだったのかどうかという点であろう。

　現職の関白にして、聚楽第《じゅらくだい》の主であれば、そのような指示も出せたのではないかと思える。しかしながら、玄以が、のちに、いわゆる五奉行のひとりとしてその名をつらねることから考えても、あくまで秀吉の家臣として、その職にあったとみたほうが自然であろう。

　今回、問題となった「喧嘩の相手四十人あまり」は、「殿下御弓衆」であり、そのかぎりでは秀次の「御糺明」のおよぶものたちであった。それゆえ、秀次はただちに「御糺明」しようとしたわけだが、ところが、彼らが、「洛中洛外」「在々所々」へと逃げ隠れしてしまっては、その「御成敗」は、秀次の手のとどかない、所司代の玄以や、あるいは秀吉のもとでおこなわれるようになっていたことがここからはあきらかとなろう。

奉行衆による捜査

　このようにしてみると、関白秀次のもとには、そもそも洛中洛外にかかわる警察権や市政権のようなものがそなわっていなかったのではないかと思われる〔藤田二〇〇三〕。実際、それについては、つぎのようなできごとからもうかがうことができる。

　新内侍《しんないし》の乳《ち》、先日喧嘩の党人宿とやらんつかまつりそうろうよしにそうろう、彼の男久助方逐電のよしそうろうあいだ、その間、乳を松田勝右衛門（政行）に預け申すべきよしにそうろう、禁中《きんちゅう》の局《つぼね》居住のもの、男ゆえに召し籠めらるべきこと、あまりにほしいままの義ととり沙汰になりそうろう、広橋（兼勝）の侍藤次も奉行人へ預けらるよしにそうろう、畿内物忩《ぶっそう》の義なり、

　これは、『時慶記』七月一一日条にみえる記事だが、それによれば、「禁中」（天皇、朝廷）につかえる女官「新内侍」の「乳」（乳母）の「男」（むすこ）である「久助」が、問題の「喧嘩の党人」として「逐電」したため、母親の「乳」が「松田勝右衛門《しょうえもん》」（松田政《まさ》

行《ゆき》）のもとに預けられたという。

それればかりか、「広橋の侍藤次」も「奉行人」へ預けられたとされているが、いずれも、その容疑は、「先日喧嘩の党人」に「宿」を貸したというものであった。「乳」のような「禁中の局居住のもの」までを「召し籠め」る（牢屋に入れる）とは、傍若無人なふるまいと「禁中」ではうわさしあっているものの、手のほどこしようもなかったことが知られよう。

ここで登場する「松田勝右衛門」とは、所司代配下の筆頭奉行（下代《しただい》とも）としてその名が知られる人物だが〔伊藤二〇〇三〕、彼ら奉行衆は、関係するものたちを容赦なく拘留するだけでなく、「禁中」にまで、その手をのばしていたことがあきらかとなる。

したがって、文末にみえる「畿内物忩の義」とは、喧嘩そのものを意味するというよりむしろ、それにかかわって進行する所司代配下の奉行衆によるきびしい捜査のありさまをあらわしたものといえよう。

切　腹

このように、喧嘩がおこった七月八日から数日間というもの、洛中洛外は、得もいわれぬ緊張感につつまれていたことが読みとれる。それでは、その結末とはどのようになったのだろうか。この点については、おおよそつぎのように落ちついたことがあきらかとなる。

先日喧嘩のもの立ち帰り腹を切るべきよし披露して、すなわち切りそうろう、

これも、『時慶記』七月一六日条にみえる記事だが、喧嘩がおこってから一〇日あまり、「殿下御弓衆」のひとりが逃亡先から「立ち帰り」、「腹を切る」と「披露」(世間に発表)したうえで切腹したことが読みとれる。わざわざ「披露」したという点からも尋常ならざるものが感じられるが、そのことは、つぎの『兼見卿記』七月一七日条からもうかがうことができる。

鴨喧嘩合《相》手八人、三条河原において御成敗とうんぬん、本人一兵加々《加賀》国よりまかりのぼる、切腹比類なき勇者とうんぬん、

前半部にみえる「鴨喧嘩合手八人」が自首してきたのか、あるいは奉行衆によって逮捕されたのかどうかということまではわからない。ただ、彼らは、京都の「三条河原」で「御成敗」(処刑)されたことがあきらかとなろう。

注目されるのは、後半部にみる「加々国」(加賀国、現在の石川県)より帰京し、「切腹」した「本人」(張本人)「一兵」なる人物の存在である。この「一兵」こそ、『時慶記』にみえる「披露」して「腹を切」ったものと考えられるからだが、ここで目をひくのは、その人物を世間では「比類なき勇者」とうわさしあっていた点であろう。

なぜ切腹した「一兵」なる人物を「比類なき勇者」とうわさしあったのか、その理由に

ついては、残念ながらくわしくはわからない。ただ、ここからは少なくとも、「御成敗」されたものや、「切腹」したものに対する同情のようなものが世間にはあったことがうかがえる。と同時に、そこへ追いこんだものたち、つまりは所司代や奉行衆に対する批判のようなものもあったことがうかがえよう。

淀殿の懐妊と京にひろがるうわさ

ところで、中世においては、切腹をふくめた「自害は強烈な不満・遺恨の表明形態であり、それに対して周囲の社会も公権力も理非を超えて一定の配慮をもとめられていた」とされている〔清水二〇〇四〕。したがって、「披露」して切腹した「一兵」なる人物にも、なにがしかの意趣があったと考えられよう。

ただ、そのいっぽうで、戦国時代以来の喧嘩両成敗という観点からすれば、現場から逃げ去った「喧嘩合手八人」をはじめとする「討手」が「御成敗」されたとしても、とりたてて違和感はもたれなかったようにも思われる。

にもかかわらず、なぜ切腹したものを「比類なき勇者」とうわさしあったのか、難問といわざるをえないが、ここで注意する必要があるのは、先に引用した『時慶記』七月一六日条の記事のすぐあとには、じつは、つぎのような一文が記されていたという事実であろう。

大坂に御袋《淀殿》姫君御誕生のよしそうろう、雑説なり、

ここにみえる「御袋」とは、秀吉の妻のひとり、いわゆる淀殿《よどどの》のことを指している。そして、その淀殿が「姫君」をうんだという「雑説」（うわさ）が、京都をかけめぐったことがわかる。

図11　伝淀殿画像（奈良県立美術館所蔵）

ここで重要なのは、この一文がのちに時慶によって抹消されているという点で、ここから、「姫君御誕生」があくまで「雑説」であったことがあきらかになるのと同時に、抹消された一文とその直前の記事とのあいだには何らかのつながりがあったと考えられよう。

淀殿が、「御袋」とよばれるゆえんは、さかのぼること天正一七年（一五八九）五月二七日に秀吉の「若公」（若君＝お鶴、鶴松）をうんだことによる（『言経卿記《ときつねきょうき》』ほか）。もっとも、その「若公」は、二年後

の天正一九年八月五日に亡くなり（『晴豊記《はれとよき》』ほか）、そのこともあって、秀吉は、「天下を中納言《（豊臣秀次）》殿へ御譲」（『多聞院日記《たもんいんにっき》』天正一九年八月八日条）る決断をくだしたわけだが、ところが、それから数年もたたないうちに、淀殿がふたたび懐妊していたということがここからはあきらかとなる。

　となれば、秀次に関白職と聚楽第が譲られているとはいえ、うまれてくる子の性別いかんによっては、にわかに政情が不安に陥るのではないかとだれもが感じていたにちがいない。逆に、うまれた子が女子＝「姫君」であれば、そのような不安から解放されるとも感じていたにちがいないが、おそらくはそのような切なる願望が、先の「雑説」としてあらわれたとみられよう。

　そうしたなか、もっとも深い不安にかられていたのが、聚楽第にいる秀次とその家臣たちであったことは容易に想像される。しかも、同じ年の六月六日には秀次の「若公」が「御円寂《えんじやく》」（亡くなること）したばかりであり、それらのことをふまえるならば（『言経卿記』六月六日条ほか）、何かにつけ神経質にならざるをえなかった家臣同士がささいなことで喧嘩になったとしても、けっして不思議なことではなかったのかもしれない。

対外戦争の逃亡者への対応

「殿下御弓衆」に対する世間の同情というのも、ひとつには、以上のようなことを背景にしていたのではないかと考えられるが、それとあわせて、同時期に洛中洛外で進行していた、つぎのようなできごとも無縁ではなかったと思われる。

> 今度洛中洛外にあい触れていわく、西国在陣の上下《かみしも》走り散るなり、一宿《いっしゅく》もあいかかうべからざるなり、その段、誓紙血判《せいしけつぱん》をもって諸卿(郷カ)名々出すべきのよし、松田勝右(政行)申しきたるのあいだ、今日あい調え、喜介をもって持ちつかわす、

これは、『兼見卿記』文禄二年正月二五日条にみえる記事である。ここからはまず、「西国在陣」、つまりは対外戦争へとかり出されている「上下」(身分の高いものと低いもの)が方々へ逃げさっていたことが知られる。

また、そのうち、京都へのがれてきたものを「一宿」(一夜泊めること)もさせないよう「誓紙血判」でもって誓わせることを、所司代配下の筆頭奉行「松田勝右」が、諸郷の領主である兼見に対して要請していたことが読みとれる。

ここにみえる「誓紙血判」とは、神仏に対してうそいつわりのないことを誓う「誓紙」(起《き》請文《しょうもん》とも)に関係者一同が署名をし、そこにみずからの血をたらすという独特な行為を意味するが、それがけっして日常的ではなかったことを考えても、このときの所司代や

奉行衆の姿勢がかなりきびしいものであったことがうかがえよう。

また、「誓紙血判」とまではいかないものの、似たようなことは、京都の寺院に対してもおこなわれていたことが確認できる。たとえば、本能寺《ほんのうじ》には、（文禄二年）三月一五日付けで寺僧たちが連署して「高麗ならびに名護屋より走り申すもの、そのほか由所（由緒）これなきもの、いっさい宿つかまつるべからずそうろう」（『本能寺史料』）ことを誓約した文書が残されているからである。

おそらくは、洛外の諸郷や寺院だけではなく、洛中の町々へも同じようなことがおこなわれていたのではないかと考えられるが、兼見のもとへは、松田方から「誓紙血判」のひな形にあたる「十九人連判誓紙案文《あんもん》」が到来し、「それのごとく」書かせ、「血判」をさせたことも、右の記事のあとには書かれている。

奉行衆がひな形を用意しているところなどは、先の請文ともよく似ており、あるいは、請文のほうは、この「誓紙血判」の経験をふまえて実施されたのかもしれない。

いずれにしてもこのように、請文にしても、また、「誓紙血判」にしても、所司代や奉行衆が、逃亡者に対して「宿」を貸さぬよう、洛中洛外のすみずみにまできびしく目を光らせていたことがあきらかとなる。しかし、それは裏をかえせば、先の「新内侍の乳」のように、逃亡者に「宿」を貸したり、手を貸したりする人びとが、いかに多かったのかということを示すものにほかならないといえよう。

その背景には、口には出せないものの、対外戦争に対する人びとの厭戦感《えんせん》というものがあったのではないかと思われる。そこへ、逃亡者対策としての請文や「誓紙血判」が洛中洛外のすみずみにまで強要され、そのうえ、政情の不安までが重なってくるとなれば、人びとの思いはより複雑なものへとならざるをえなかったであろう。

おそらく、そのようなもののひとつが、切腹した「一兵」なる人物を「比類なき勇者」とうわさし、また、彼ら「殿下御弓衆」に対して同情をよせることだったのではないかと考えられる。

みせしめの舞台としての三条河原

それでは、そのような人びとの思いに対して、所司代や奉行衆は、どのような姿勢でむきあおうとしていたのであろうか。じつは、そのことをもっとも端的に示しているのが、三条河原という場所だったと考えられる。そう、「鴨喧嘩合手八人」が「御成敗」された「三条河原」である。

ふつう、中世京都の処刑場といえば、三条通りと鴨川の接点にあたる三条河原が多かったのではないかと思われがちであるが、実際のところは、ほとんどといってよいほどに六条通りと鴨川の接点にあたる六条河原であったことがあきらかにされている〔生嶋一九九四、清水二〇〇四〕。

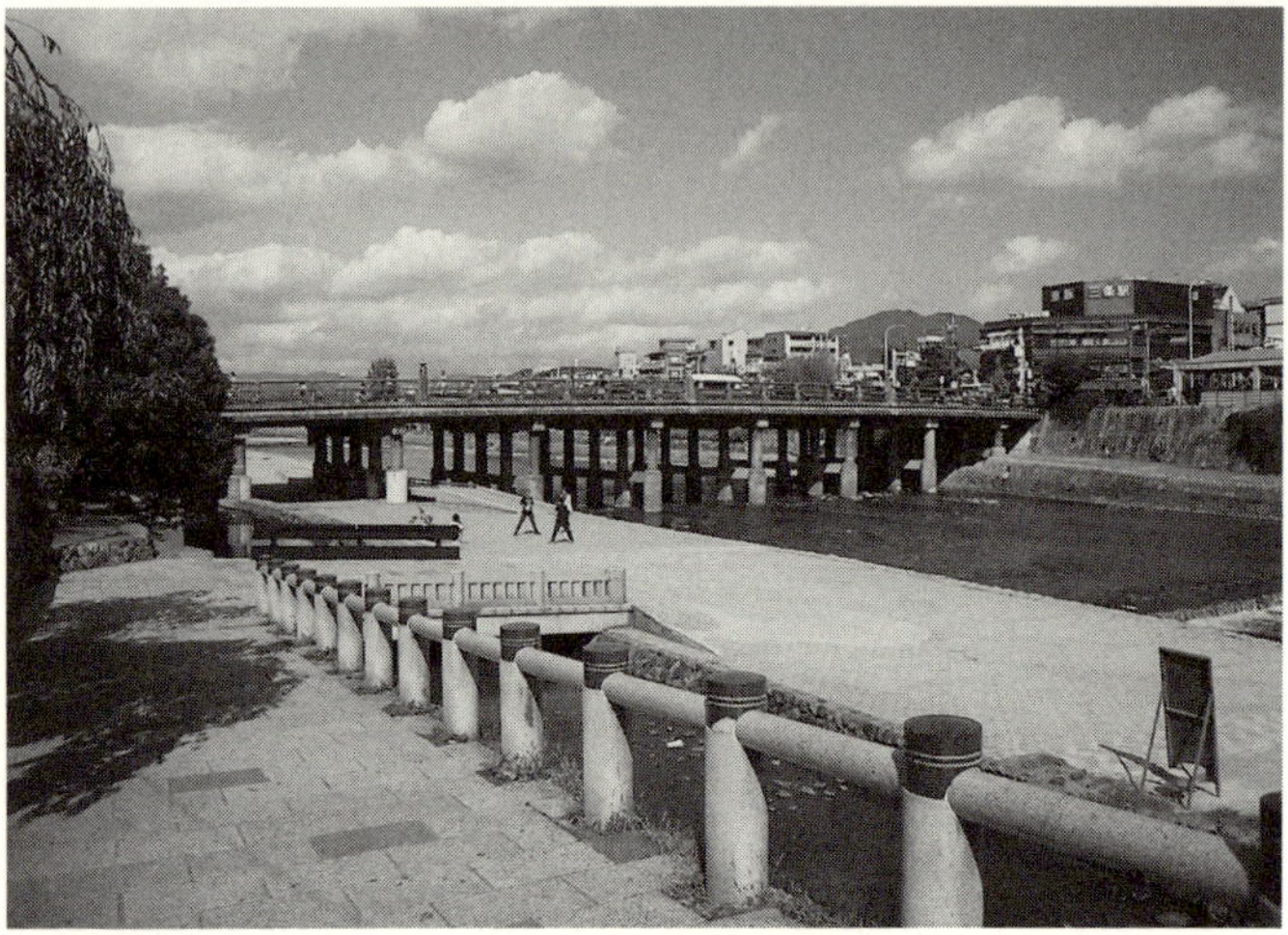

図12　三条河原

たとえば、天正一七年（一五八九）三月、秀吉が関白として聚楽第の主だったころにおこった「落書《らくしょ》」（時の権力者に対する批判や、社会の風潮に対する風刺をふくんだ匿名の文書）事件にかかわって、「大坂の天満本願寺」へ逃げこんだ関係者が処刑されたところが、「六条河原」だったようにである（『鹿苑日録』三月二・九日条、『多聞院日記』三月一八日条ほか）。

したがって、三条河原が処刑場として登場してくるのは、それほど古いことではなかったと考えられるわけだが、それでは、なぜそこが処刑場としてこの時期、にわかに浮上してくるようになったのだろうか。

おそらくそれは、天正一八年に秀吉の家臣増田長盛《ましたながもり》によって「殿下（豊臣秀吉）御出陣」（『兼見卿記』二月二一日条）のために三条大橋が石柱橋として架けられたこと（『三条大橋擬宝珠銘』）と無縁ではないであろう。

戦国時代の京都のすがたを描いたことで知られる洛中洛外図屛風をみるかぎり、三条河原には、四条橋や五条橋のような橋が架けられていた形跡はみられない。したがって、人びとは河原をあるき、川を渡って往来していたと思われるが、ところが、石柱橋の登場によってそのような状況にも変化がみられることになったと考えられるからである。

しかも、ほぼ同じころ、中世以来の五条橋が廃され、六条坊門小路と鴨川との接点に新たな橋（大仏橋、五条通り橋）が架けられたということも考えあわせるならば、洛中と鴨《おう》東《とう》（鴨川より東側）をつなぐ道筋や往来も、おのずと三条大橋へとその比重を移すことになっていったであろう。

そのような、いわば交通の大道脈となったところで、「鴨喧嘩合手八人」が「御成敗」されることの意味とは、もはや明白といえる。「御成敗」の現場を多くの人びとにみせること、すなわちみせしめ以外のなにものでもなかったと考えられるのである〔清水二〇〇四〕。

しかも、このとき処刑されたのは、時の関白秀次の家臣であり、そのようなものたちでさえ容捨されないということを人びとにみせつけることで、所司代や奉行衆はみずからの姿勢を世間に示したといえよう。

じつは、今回の処刑は、三条河原においておこなわれた処刑のうちでも、最初のほうにあたるのではないかと考えられるが、それでは、それによって人びとの思いにも変化がみられるようになったのであろうか。節をあらためて、ひきつづき具体的なできごとをみながら追いかけていくことにしよう。つぎにみるのも、喧嘩と同じような物騒なできごと、辻切りや盗賊である。

辻切り・盗賊

糺《ただす》での喧嘩《けんか》が一段落ついてしばらくのこと、今度は、秀次《ひでつぐ》のいる聚楽《じゅらく》第《だい》近くで辻切《つじぎ》り（辻斬り。『日葡辞書《にっぽじしょ》』によれば、「夜、道辻で人を殺しながら歩きまわるもの」）事件がおこった。

聚楽第近くでの辻切り事件

その具体的なようすを伝える記録類は、今のところ見い出せていないが、関連する文書については複数残されている。表3は、それらを一覧にしたものであり、そのうちのひとつをみてみるとつぎのようになる。

　本百万遍町《もとひゃくまんべんちょう》南の辻にて、今夜人を切り申すこと、我ら召し遣うものども糺明《きゅうめい》つかまつりそうらえども、一円存ぜずそうろう、もし切り合いそうらわば、我らまで曲事《くせごと》になさるべくそうろう、そのため一筆かくのごとくにそうろうものなり、

ちくぜん（筑前）内《うち》
今村左太夫《さだゆう》るす（花押）
文禄二年十月九日
本せいくん（誓願寺）寺町
参

文禄二年一〇月九日の夜、「本百万遍町南の辻」において辻切り事件がおこった。実行犯はいまだ捕らえられていないようだが、「ちくぜん」（前田利家《まえだとしいえ》のことか）の「内」（内のもの、家来）である「今村左太夫」が「召し遣」っているものたちを「糺明」したものの、そのようなことはまったく知らないといっている。

また、万一、そのなかに関係者がいることが発覚した場合には、「我ら」（自分）も「曲事」（処罰）とされてもかまわない。以上のことを「今村左太夫」の「るす」（留守居カ）が「一筆」をしたためて誓約する、というのがその内容である。

文面からもあきらかなように、右の文書も請文《うけぶみ》とよばれるものであり、家中に今回の辻切りに関係したものがいないことを証明する内容となっている。また、表3のいずれも、ほぼ文章が同じであり、これらにもひな形があったことがわかるが、ここで注意されるのは、右のものも含めて、表3の宛所がいずれも所司代《しょしだい》の奉行衆ではなく、「本誓願寺町《もとせいがんじちょう》」か「本百万遍町」になっている点であろう。

表3　辻切り

在所(家中・町)	差　出	宛　所	番号
ちくせん内	今村左太夫るす	本せいくん寺町まいる	144号
ちくせん内	馬ふち源介	欠	145号
伊たて内	いさの左近	欠	146号
石小長助内	くわ原平次	本百万篇町へ　まいる	147号
三左内	永田八郎	もとせいくわん寺町まいる	148号
越中之町人	矢田治右衛門	もとせいくわん寺町まいる	149号
	ときや与六	本百万遍町参	150号
	舟山太郎兵衛ほか3名	もと百まんへ町まいる	151号
	阿波ほか1名	本百万遍町へまいる	152号
	又四郎	本百万遍町へ参	153号
	さ藤九郎右衛門ほか1名	本百万遍町参	154号
	かにや五介	本百万遍町参	155号
	長谷川宗十郎	本百万遍町へまいる	156号
	あいそめや弥左衛門尉ほか1名	欠	157号

文書の年月日はすべて文禄2年10月9日.
番号は『大中院文書』の番号.

その意味では、同じ請文でも、表2とは大きく異なるようにみえなくもない。ただ、表3は（じつは表2も）、すべて建仁寺《けんにんじ》塔頭《たっちゅう》の大中院《だいちゅういん》に残されるふすま絵の下張《したば》りとして再利用されたものであり、大中院の前身である華渓院《かけいいん》が、松田政行《まさゆき》によって創建されたということをふまえるならば〔京都市歴史資料館編二〇〇六〕、今回の請文もまた、両町を介して、最終的には所司代や奉行衆のもとへとどくようになっていたと考えられよう。

その町名からもうかがえるように、本百万遍町には、もともと百万遍知《ち》恩寺《おんじ》が、また、本誓願寺町にも、誓願寺が所在していた〔河内二〇一四〕。ところが、天正一九年（一五九一）初旬にはじまった「京中屋敷かえ」（『晴豊記《はれとよき》』二月三日条ほか）によって、周辺に「大名屋敷」（『晴豊記』閏正月四日条）がたちならぶようになったため、両寺も移転を余儀なくされ、そのあとにできた町々と考えられる。

したがって、一般の町人も居住していたであろうが、「今村左太夫」のような大名の家臣たちが数多く住んでいたという点では、ほかの町々とはかなりおもむきを異にしていたことであろう。今回の辻切り事件とは、そのような町々でおこったものであった。

千人切り

この後、今回の辻切り事件がどのように決着したのかという点については、残念ながらさだかではない。ただ、この時期の辻切りといえば、つぎのような記事が思いおこされることとなろう。

関白殿（豊臣秀次）、千人切りさせられそうろうと申しならし、はしばしまで若輩のともがら、辻切りをいたし、

関白秀次が千人切りをするといいたてたので、末端の若輩たちも辻切りをおこなった。これは、『大かうさまくんきのうち』の「当関白殿御行儀の次第」にみえる記事である。同記録は、秀次が失脚し、一族が滅亡していくさまを「天道《てんどう》恐ろしき」という観点からこと細かに記しており、秀次にかかわっては、批判的な記述が多いことでもよく知られてい

る〔谷森一九二七、矢部二〇一二〕。

したがって、右の記事もどこまで真実を伝えているのかという点については、慎重にならざるをえないが、ただ、右にみえる「若輩のともがら」による「辻切り」というのは、あるいは、今回、聚楽第近くでおこった辻切り事件とむすびつけられて語られるようになったのかもしれない。

同様に、千人切りについても、同時期にかぎれば、つぎのような事実が知られており、これとむすびつけられて、語られるようになった可能性は高いであろう。

千人切り大逆の仁、以上十六人・同女房衆召し捕り、方々引かせて切るべきとて郡《こおり》山《やま》より今日奈良へ引き来たり、京へ上る、

これは、『多聞院日記《たもんいんにっき》』文禄三年（一五九四）八月五日条にみえる記事である。ここで話題となっている「千人切り大逆の仁」は「十六人」、その「女房衆」までが捕らえられたうえ、「切」（処刑）られるにあたって、「方々」を引きまわされ、郡山から奈良、そして京都まで送られたことがわかる。

おそらく、京都へ送られれば、三条河原で処刑されることになったのだろうが、わざわざ京都へ送られたという点から考えても、今回の千人切りもまた、京都とは無縁ではなかったのだろう。

ところで、千人切りといえば、その対象となる人数も尋常ではなく、ひとりで実行することなど不可能と思われる。そのためなのだろう、単に人を多く殺すことが目的とはいえない側面もあったようである〔奥山二〇〇三〕。

たとえば、時期としては、すこしさかのぼるものの、大坂では、つぎのような千人切り事件があったと伝えられているからである。

このごろ、千人切りと号して、大坂の町中にて人夫風情《にんぷふぜい》のもの、あまた打ち殺すよし種々風聞あり、大谷紀ノ介（吉継）という小姓衆《こしょうしゅう》、悪瘡気《あくそう》につきて、千人殺して、その血をねぶれば、彼の病平癒するとて、この儀申し付くとうんぬん、世上風聞なり、

右は、本願寺の坊官宇野主水《うのもんど》の『宇野主水日記』天正一四年（一五八六）二月二一日条に記されたものである。ここでねらわれたのは、「人夫」（労働者）「風情のもの」だが、注目されるのは、それを「申し付」けたのが、秀吉の「小姓衆」のひとり「大谷紀ノ介《きすけ》」（のちの大谷吉継《おおたによしつぐ》）であったという点であろう。

しかも、その目的とは、「悪瘡」（たちの悪いはれもの）をわずらった紀ノ介が、「千人殺して、その血をねぶれば」「平癒」するという、にわかには信じがたいことを真にうけたためであった。

紀ノ介が千人切りに関与していたというのは、結局のところ、「一円雑説《ぞうせつ》」（まったくの

うわさ。『宇野主水日記』同日条）にすぎなかったようだが、それでも、ここからは、千人切りが、何らかの目的や願いをともなって、複数の人間に「申し付」ける種類のものだったことがうかがえる。

実際、紀ノ介の関与はともかくとしても、「千人切りの族《やから》あらわれて、あまた召し籠めら」れ、そのうちの「五人生害」したことが、同じく『宇野主水日記』同日条には記されているからである。

このように、このころの千人切りとは、単独でおこなうものではなく、むしろ複数の人間に「申し付」けておこなうものであったことが知られる。そして、もし仮に、『大かうさまくんきのうち』が伝えているように、その一部として辻切りもおこなわれることがあったとするならば、秀次がそれを「申し付」けても不思議ではないとうわさされるような、何らかの目的や願いがあったとも考えられよう。

それでは、それらとは、どのようなものだったのだろうか。

ふたりの若公

そこで、まず思いうかぶのは、先にも少しふれた、文禄二年四月一日にうまれ、六月六日に亡くなった「殿下若公」、つまり秀次の子の病についてである。

たとえば、『言経卿記《ときつねきょうき》』六月一日条をみてみると、「若公」が「昨日」より「驚風《きょうふう》」

（ひきつけをおこす病気）となったため、「神社ならびに仏寺などへ御立願《りゅうがん》ならびに御代官参り」をおこなっただけでなく、「医療ならびに祈療《きりよう》・針治申すばかりなく」ほどこしたという事実も知られるからである。

あらゆる手段を講じてでも、その命を救いたいという切なる願いが伝わってくるが、ただ、「殿下若公」が亡くなったのは六月六日であり、辻切り事件（文禄二年一〇月）や千人切り（文禄三年八月）よりまえになるので、そのあいだに直接的なつながりを読みとることはむずかしいといえよう。

とすれば、ほかに何か思いあたることがないのかといえば、じつは、「殿下若公」の死去と辻切り事件とのあいだに、秀次やその周辺にとって、きわめて衝撃的な事件がおこっていたことには注目しなければならない。その事件とは、すなわち、つぎのようなものであった。

大坂には太閤若公御誕生す、浅井（淀殿）の女の腹となり、

「大坂」において「浅井の女」こと、淀殿《よどどの》が「太閤若公」をうんだ。これは、『時慶記』八月三日条にみえる記事だが、この「太閤若公」こそ、のちの秀頼《ひでより》（御拾《おひろい》）にほかならず、これによって、この間、人びとがいだきつづけてきた不安がみごとに的中し、現実のものとして立ちあらわれていたことが知られよう。

首都の二重化

「殿下若公」が亡くなってわずかに二ヵ月、その死と入れかわるようにして、この世に生をえた「太閤若公」が、秀次やその周辺にあたえた衝撃というのは、はかりしれないものだったにちがいない。

もっとも、同じような衝撃は、秀吉もまた、うけていたと思われる。なぜなら、これによって、みずからが決断した後継者問題に大きな修正を加える必要性が出てきたからである。

図13　豊臣秀頼（養源院所蔵）

そのためであろう、「太閤若公」がうまれてわずかひと月後には秀吉は、秀次に対して、「日本国を五つに破り、四分を参ら」（『言経卿記』九月四日条）すとの話を切り出し、また、その翌々月にも、「御拾様と姫君様、御ひとつになさせられそうらわん」（『駒井日記』一〇月朔日条）と、うまれてまもない「御拾様」と秀次の「姫君様」との婚約話をもち出すなど、秀吉のほうから積極的に秀次との関係を維持しようとしていたことが読みとれる。

それはまた、「隠居という形態をとりつつ秀次を後援し、長い時間をかけて序々に秀次の実権に内実をこめる」秀吉の一貫した「後援策」〔跡部二〇〇〇〕であったのかもしれないが、しかしながら、つぎの『兼見卿記《かねみきょうき》』一一月一日条が伝えるような状況があらわれるにいたって、秀次のみならず、諸大名もまた、おおいにとまどうことになったであろう。


先日已来《いらい》、太閤伏見に御座なり、諸大名ことごとく祗候《しこう》すとうんぬん、屋敷普請諸大名急速に申し付けらるとうんぬん、

これまで大名屋敷は、原則、秀次のいる聚楽第周辺に存在していた。それが、伏見にも「屋敷普請」が「申し付け」られることになり、「大名屋敷の所在という意味では、首都は二重化」する結果になったからである〔横田二〇〇一〕。

もっとも、秀吉自身は、伏見にとどまることなく、大坂へも京都へも移動をくり返していたようだが〔藤井編二〇一一〕、しかしながら、聚楽第には秀次、伏見城には秀吉、そして、大坂城には御拾というかたちがあきらかとなってくるにつれ、諸大名がみずからの去就に思いなやんだことは必至といえよう。

そのうえ、翌文禄三年一一月以前には、「御拾様、伏見へ御移りなされ」（『吉川《きっかわ》家文書』）〔福田二〇一四〕、そののち、慶長に改元されるまで、伏見城に滞在したという事実を

ふまえるならば〔藤井編二〇一二〕、秀次やその周辺をとりまく不安は頂点に達していたのではないだろうか。

したがって、そのような不安を少しでもぬぐいたいと秀次が願ったとしてもけっして不思議ではなく、それが、千人切りや辻切りとむすびつけられてうわさされるようになったと考えることは十分可能であろう。

もっとも、これもあくまで可能性にとどまるものであり、また、本人のあずかり知らぬことでもあったかもしれない。ただ、そのいっぽうで、心配されていた政情不安が現実のものとなってしまったことは否定しがたい事実であった。そして、それにともなう動揺もまた、京都や伏見を中心とした都市社会全体に大きな波紋としてひろがっていったことも確実といえよう。

石川五右衛門

一六世紀末に来日したスペインの貿易商人アビラ・ヒロンによって書かれた『日本王国記』には、つぎのような興味深い一節がみえる。

都に一団の盗賊が集まり、これが目にあまる害をあたえた。それというのも、だれかの財布を切るために人びとを殺害したからである。そんなふうで、都、伏見、大坂、それに堺の街路には、毎日毎日夜があけると死体がごろごろしているありさまであった。（中略）そのなかの幾人かは捕らえられ、拷問にかけられて、これらが十五人の

図14　処刑される石川五右衛門（早稲田大学演劇博物館所蔵）

頭目だということを白状したが、頭目一人ごとに三十人から四十人の一団を率いているので、彼らはいわば一つの陣営だった。十五人の頭目は生きたまま、油で煮られ、彼らの妻子、父母、兄弟、身内は五等親まで磔《はりつけ》に処せられ、盗賊らにも、子供も大人も一族全部ともろとも同じ刑に処せられた。

『日本王国記』には、イエズス会宣教師モレホンによる注がほどこされており、そこから具体的な事実との関連も確認できるとされている（佐久間ほか一九六五）。

そこで、その注をみてみると、右の「盗賊」事件がおこったのが、「九四年の夏」、すなわち文禄三年の夏ごろであり、また、「油で煮られ」た「十五人の頭目」とは、「ほかでもなく、石川五右衛門 Ixicavagoyemon とその家族九人か十人であった」ことがわかる。

つまり、ここから、『日本王国記』にみえる盗賊とは、石川五右衛門とその一味だったことがあきらかとなるわけだが〔藤木一九九五〕、右によれば、彼ら「一団の盗賊」は、「都」（京都）に集まり、「だれかの財布を切るために人びとを殺害」、その活動範囲は、伏見や大坂、あるいは堺にまでおよび、財布をとられ殺害された「死体がごろごろしているありさまであった」という。

京都・伏見・大坂といえば、このころ、秀次・秀吉・御拾がそのおのおのにいる、いずれも秀吉とその政権が拠点とする重要都市ばかりである。「一団の盗賊」は、そのような重要都市をおもな活動範囲としていたことが右の史料からはあきらかとなろう。

おそらく京都では、例の請文などが洛中洛外からとりあつめられるなどして、徹底的な捜査もおこなわれたのではないかと想像されるが、その結果として、捕らえられたもののなかに「十五人の頭目」がいることが判明、彼らは、「生きたまま、油で煮られ」たと右の史料は伝えている。

注目されるのは、「十五人の頭目」のおのおのが「三十人から四十人の一団を率いて」いたとされている点で、ここから、「一団の盗賊」は、五、六〇〇人にもおよぶ大集団であったことがわかる。しかも、その集団は、「一族」であり、「十五人の頭目」以外の「一族」は、「子供も大人も」「磔に処せられ」たという。

このように、『日本王国記』からは、「一団の盗賊」の行状と、それに対する凄惨な処刑のようすがみてとれるわけだが、それでは、これらの点について、日本側の史料はどのように伝えているのであろうか。

三条河原での処刑

今日、三条橋の下において、罪人十員、鐺《かま》に入れ煮る、

これは、『鹿苑日録《ろくおんにちろく》』八月二三日条にみえる記事である。ここから、処刑の場所が「三条橋の下」、つまりは三条河原であったこと、また、『日本王国記』のいう「生きたまま、油で煮られ」たというのが、「鐺に入れ煮る」という刑罰だったことがわかる。

もっとも、「罪人十員」とあるところは、「十五人の頭目」とその数が異なるなど、どちらがより事実に近かったのかという点については、これだけではわからない。しかしながら、これに『言経卿記』八月二四日条にみえる、つぎのような記事も重ねあわせてみると、おぼろげながらもその実態があきらかとなってこよう。

一、盗人すり、十人・子一人ら釜にて煮らる、同類十九人、八付《はっつけ》に懸け、三条橋南の河原にて成敗なり、貴賤群集なり、

ここでもまた、「成敗」の場所は、「三条橋南の河原」であり、「釜にて煮ら」れたのも「十人」であったことが読みとれる。こうなると、「釜にて煮ら」れたのは、一〇人だったように思われるが、右の記事では、「子一人」も「釜にて煮ら」れるなど、ほかの史料で

はみられない情報も書き残されている。

また、「同類」(一族)「十九人」が「八付」(磔)に処せられたとも記されているが、これについては、モレホンの注にも、「彼らは兵士のようななりをしていて十人か二十人のものが磔になった」とみえるので、おおよそ二〇人ほどが磔にかけられたことが知られよう。

このように、断片的な史料ながらも、以上から文禄三年八月二三日に三条河原において、「貴賤群集」のなか、およそ一〇人の「盗人」が釜で煮られ、その関係者二〇人ほどが磔に処せられたことがあきらかとなる。

また、その罪状は、「盗人」や「すり」だったこともわかるが、イエズス会宣教師が編纂した『日葡辞書』によれば、「盗人　ヌスビト」とは、「泥棒」を意味し、「すり」も、「盗人、または、巾着切《きんちゃく》り」を意味すると解説されているので、宣教師の目からみれば、「盗人」と「すり」は、ほとんど区別がつきがたかったように思われる。

辻切り、すり、盗賊に手をそめる武士

しかしながら、このふたつと辻切りを加えた三つの犯罪に、このころの秀吉とその政権が頭をなやましていたという事実には注意する必要があろう〔藤木一九九五〕。

具体的には、つぎのような条項を冒頭にかかげた「御掟」(『毛利家文書』)が、慶長二年

(一五九七)三月七日付けで前田玄以ら五人の奉行の署名でもって出されたことが知られるからである。

一、辻切り、すり、盗賊の儀について、諸奉公人、侍は五人組、下人は十人組に連判をつぎ、右悪逆つかまつるべからざる旨、請《う》け乞《こ》い申すべきこと、

「辻切り、すり、盗賊」と聞けば、なにやら食うにこまった人びとによる犯罪かのように思われがちである。ところが、右からもあきらかなように、それらに手をそめていたのは、「奉公人」とよばれた「侍」や「下人」など、末端に近いとはいえ、れっきとした武士たちであった。

しかも、右の文書の端裏《はしうら》（右端の裏側）に「京都御法度書」という文言が記されていることからもわかるように、「御掟」が問題としている「奉公人」とは、京都や伏見に屋敷をかまえる諸大名につかえるものたちだったこともあきらかとなる。

そういえば、「本百万遍町南の辻」でおこった辻切りも、諸大名に「召し遣」われるもののようであったたし、『大かうさまくんきのうち』にみえる「若輩のともがら」も、秀次につかえるものとされていた。

また、天正一四年におこった千人切りも、「大名衆究竟《くっきょう》の仁ども七人」「大名衆の息《むすこ》たち四五人」（『多聞院日記』三月三日・八日条）であったと伝えられており、「奉公人」ばか

りか、それより身分の高い武士でさえ、「辻切り、すり、盗賊」に手をそめていた可能性は高いであろう。

こうなると、文禄三年の千人切りも、また、石川五右衛門の名がみられた「一団の盗賊」も、「奉公人」のしわざであったと考えられなくもない。実際、モレホンの注にも、「一団の盗賊」は、「兵士のようななりをしてい」たとされているからである。

政権の治安対策と人心のゆくえ

秀吉とその政権は、このような「悪逆」に手をそめていた、あるいはそめかねない「奉公人」対策として、「侍」には「五人組」、「下人」には「十人組」という相互監視組織をつくらせ、各人に「連判」をさせたうえで、「辻切り、すり、盗賊」をしないよう、「御掟」をとおして諸大名に指示していたわけだが、ただ、それが、どれほどの効果をもたらしたのかということまではさだかではない。

しかも、先にもみたように、「高麗ならびに名護屋より走り申すもの」（『本能寺史料』）は、あとをたたず、にもかかわらず、それらに「宿」を貸さぬよう洛中洛外に目を光らせると同時に、そのような「走りそうろう族、誰々によらず、いっさいあいかかうべからざる旨、諸国へ堅く仰せ出だ」（『吉川家文書』）して、諸大名が召しつかうことも禁じていたということをふまえるならば、「辻切り、すり、盗賊」に手をそめざるをえない人びとの受け皿は、いくらでも用意されていたといえよう。

すでに指摘されているように、この時期の「辻切り、すり、盗賊」問題は、「都市の治安問題」として秀吉とその政権に深刻にうけとめられていたが〔藤木一九九五〕、それはとりもなおさず、それらの「悪逆」に手をそめざるをえなかった「奉公人」など末端に近い武士たちがかかえる不安や動揺が、いかに大きなものだったのかということを映しているのではないだろうか。

それに対して、秀吉とその政権、とりわけ所司代や奉行衆がとりうる対策といえば、これまでみてきたように、請文や誓紙血判などを徹底するとともに、みせしめとしての凄惨な処刑を三条河原でくりかえすことぐらいしかなかったにちがいない。しかしながら、それらは強化されればされるほど裏腹に、人びとの思いというのは、刑場の露と消えさっていったものたちのほうへとむかっていくことになったであろう。

文禄三年八月に「釜に煮られ」た石川五右衛門が、なぜ江戸時代の中ごろになって文楽や歌舞伎のなかで復活してきたのか、そこに、糺での喧嘩の「本人」「一兵」を「比類なき勇者」とうわさしあった人びとの思いと相通ずるものを感じとることは、さほどむずかしことではない。名もなき無数の石川五右衛門をとおして、人びとは、しだいに秀吉とその政権に対してきびしい視線をあびせるようになっていったといえよう。

影を落とす後継者問題

声聞師払い

陰陽師と声聞師

陰陽師《おんみようじ》や声聞師《しようもじ》と聞いて、それらがいったい何を意味しているのかといったことを即座に説明できる人は、おそらく多くないであろう。いずれも、現代の日本では、縁遠い存在であり、また、かなり特別な印象をあたえることばでもあるからだが、それらのうち、陰陽師の陰陽とは、陰陽道のことを指している。

陰陽道とは、いわゆる陰陽《いんよう》五行《ごぎよう》説《せつ》にもとづいて、天文（太陽・月・星の動きや位置などから吉凶を占うこと）や暦をつかさどる学問を意味する。古代の日本では、この陰陽道を管轄する役所、陰陽寮がおかれ、そこに属する役人たちがいた。それが陰陽師である。

平安時代の中ごろに活躍した安倍晴明《あべのせいめい》の名を聞いたことがあるという人も少なくないのではないかと思われるが、この安倍晴明のように、陰陽寮に属する陰陽師は、鎌倉時代以降、官人《かんじん》陰陽師（あるいは、宮廷陰陽師）とよばれるようになっていく。それに対して、官人（役人）ではない民間の陰陽師もあらわれ、それが声聞師（唱門師とも）とよばれるようになった〔世界人権問題研究センター編二〇〇四〕。

声聞師と官人陰陽師との大きな違いは、声聞師が、中世において差別された人びとを意味する非人《ひにん》・河原者《かわらもの》・散所《さんじょ》のうちの散所に属していた点にある〔丹生谷二〇〇五〕。また、それとあわせて、声聞師が、さまざまな芸能にもたずさわっていた点も特徴といえよう。とくに中世の京都では、声聞師がたずさわる芸能は、祭礼や天皇が住まう禁中《きんちゅう》（内《だい》裏《り》）などでおこなわれる行事にはなくてはならないものとされていた。たとえば、中世京都を代表する祭礼である祇《ぎ》園会《おんえ》（祇園祭）では、北畠《きたばたけ》党とよばれる声聞師集団が、応仁・文明の乱以前、笠鷺鉾《かささぎほこ》という鉾を出していたことで知られている〔河内二〇一二〕。

図15　陰陽師像（『職人尽歌合（七十一番職人歌合）』〈模本〉狩野晴川・狩野勝川／模，東京国立博物館所蔵，Image: TNM Image）

また、戦国時代以降、正月四日と五日には、大黒党《だいこく》とよばれる声聞師集団が、北畠党とともに祝福芸として知られる千秋万歳《せんずまんざい》をおこなうため、禁中へ参ったことなども知られているからである。

そのほか、声聞師は、曲舞《くせまい》（久世舞）という芸能もおこない、そのため舞々《まいまい》とよばれることもあったが、より日常的には、算置《さんおき》（いわゆる易者）やかまどばらい、あるいは、地《じ》鎮《ちん》や暦の配布など、さまざまな呪術をおこなうことで、人びとの生活と密接にむすびついていた。

声聞師の追放

そのような声聞師に突然の不幸がおとずれたのは、文禄二年（一五九三）一〇月のことである〔河内二〇一一、服部二〇一二〕。公家の西洞院《にしのとういん》時慶《ときよし》の日記『時慶記』一〇月一九日条には、そのことが、つぎのように記されている。

唱門師払いの儀あり、大坂において、在陣の留守の女房衆みだりに男女との義を問い、金銀多くとりそうろう罪によってなり、

これによれば、「大坂」で「在陣の留守の女房衆」から「金銀」をとった「罪」により、「唱門師払い」（追放）がおこなわれたことがわかる。文中にみえる「みだりに男女との義」というのが何だったのか、気になるところだが、これについてはあとでふれることにして、右と同じような内容については、イエズス会宣教師のルイス・フロイスの著作『フ

ロイス日本史』にもつぎのようにみることができる。

関白（豊臣秀吉）は名護屋に滞在中、運勢占いをする魔術者たちが大坂城の女たちから十本の金の棒をとりあげた事実を知ると激昂《げっこう》し、その地方にいるすべての魔術者たちを召喚《しかん》した。

ここにみえる「運勢占いをする魔術者」が声聞師を指しているが、その「魔術者」が、秀吉の「名護屋」「滞在中」に「大坂城の女たちから十本の金の棒をとりあげた」ため、「その地方にいるすべて」の「魔術者」が「召喚」されることになったという。

内容からみて、右の史料が、『時慶記』の記事と同じことを伝えていることはあきらかであり、したがって、「唱門師払い」なるものが秀吉によっておこなわれたことは確実といえよう。

もっとも、その「唱門師払い」は、いきなり声聞師を追放するのではなく、つぎにみえるように、彼らを「召喚」することからはじめられたようである。

御諚《ごじょう》として申し入れそうろう、よって日本国の陰陽師京都へ召し集められそうろう、御分領のうち一人も残らず、妻子ともに仰せ付けられ、きっと御使者そえられ、差しのぼさるべくそうろう、畢竟《ひっきょう》豊後《ぶんご》国に居住そうろうように仰せ付けらるべきのむねにそうろう、御油断あるべからずそうろう、恐々謹言、

民部《みんぶ》卿《きょう》法印《ほういん》

十一月七日
玄以《げんい》（花押）
石田治部少輔《じぶしょうゆう》
三成（花押）
浅野弾正少弼《だんじょうしょうひつ》
長吉《ながよし》（花押）

羽柴吉川（広家）侍従殿
人々御中

これは、秀吉の命令をうけて、「玄以」（前田玄以）ほか二名の奉行が、（文禄二年）一一月七日に山陰地方の大名吉川広家《きつかわひろいえ》に対して出した文書（『吉川家文書』）である〔三鬼一九八四・一九八七〕。

一〇月一九日の「唱門師払い」からおよそ半月後に出されたものである点からも、関連する史料であることはまちがいない。ただ、ここからは、その半月のうちに「唱門師払い」が、「地方」から「日本国」へと対象範囲を広げたうえ、集めた声聞師を「京都へ召し」たのちに「豊後国に居住」させるものへと具体化していったことがあきらかとなろう。

豊後国へ移住

もっとも、なぜ、ここで突然、「豊後国」（現在の大分県）が出てくるのかという点については、右の史料からでは知りえない。ただ、これに関しては、『フロイス日本史』にみえる、つぎの記事が参考となろう。

（ところで老関白（豊臣秀吉）は）、豊後の国の住民が少ないと聞き、上記の人たちをすべて農民（として働かせるべく）同国に送り、今後彼らが占卜《せんぼく》や魔術をおこなってはならぬと命令し、そのようなことをした彼らはみな、大泥棒だと語った。

豊後国といえば、ちょうど同じ年の七月に「国守」の「大友」（大友義統《おおともよしむね》、吉統）が「太閤（豊臣秀吉）より御折檻《せっかん》」（『兼見卿記《かねみきょうき》』七月六日条）されたことで知られている。したがって、これと関連して、「豊後国に居住」という話が出てきたのだろう。

もっとも、「豊後の国の住民」がほんとうに少なくなっていたのかどうかといった点についてはさだかではない。ただ、これによって、声聞師たちが、「農民（として働かせるべく）」豊後国へ送られることになったことはあきらかとなろう。

しかも、そこでは、彼らの職能である「占卜や魔術をおこなってはならぬと命令」され、「そのようなことをした彼らはみな、大泥棒」とみなされたという。したがって、「唱門師払い」がおこなわれるにいたった背景には、このような声聞師がそなえる呪術的な職能が関係していたと考えるのが自然であろう。

尾州の荒れ地へ

それからおおよそひと月あまりたった一二月も末、『時慶記』一二月二五日条は、つぎのような興味深い記事を伝えている。

天下疫病《えきびょう》流行、残るものひとりもなし、上一人《かみいちにん》より下万民みな病、不思議のことどもなり、唱門衆都を払われ、尾州《びしゅう》へ流されそうろう、左様のゆえかとなり、

ここでいう「疫病」がどのようなものであったのかということまではわからない。ただ、その「疫病」の「流行」とからめて、「都」（京都）の「唱門衆」（声聞師）が「払われ」、「尾州」（尾張《おわり》国、現在の愛知県西半部）へと「流され」たことが知られよう。

一〇月の「唱門師払い」と一一月の「日本国の陰陽師」の豊後国移住、そしてこの一二月の「都」の「唱門衆」「払」いがどのように関係しているのかという点については、今ひとつよくわからない。

しかしながら、京都の声聞師が尾張国へ流されたという事実は、ほかの史料によって確認できる。すでに三鬼清一郎氏があきらかにしているように、関白秀次《ひでつぐ》の側近であった駒《こま》井重勝《いしげかつ》の『駒井日記』に断片的ながらもそのようすが書き残されているからである〔三鬼一九八四・一九八七〕。

たとえば、そのひとつ、文禄三年三月一一日条の記事をみてみると、つぎのように記されていることがわかる。

所々陰陽師、尾州へ遣わされ、荒れ地分耕作の儀、仰せ付けらる旨、旧冬太閤様（豊臣秀吉）より仰せ出だされそうろう、

これによれば、「所々陰陽師」は、「尾州」で「荒れ地」を「耕作」するために「遣わされ」ることになったという。ここからは、先にみた豊後国のときと同様、声聞師は、「農民」として送られることになったことが知られる。と同時に、その命令が、「太閤様」からくだされたものであったこともあきらかとなろう。

「所々陰陽師」の「所々」には、京都も含まれているはずだが、ここでもまた、その中心にいたはずの秀次の関与はうかがえない。そればかりか、その秀次の領国であった尾張国において、秀吉が主導しておこなわせた荒れ地開墾《かいこん》策のなかに「唱門師払い」も組みこまれていったことがあきらかとなろう。

それでは、その尾張国には、どれほどの声聞師が送られることになったのであろうか。この点についても、『駒井日記』三月一一日条の記事から、京都より「百九人」（一〇九人）、堺より「拾人」（一〇人）、大坂より「八人」（のち六人に変更）、合計「百弐拾七人」（一二七人）であったことがわかる。

また、『駒井日記』三月二四日条によれば、奈良から「六人」の声聞師が追加されて、おおよそ「百三拾壱人」（一三一人）になったこともわかるが、この一三一人と「日本国の陰陽師」とがどのような関係にあったのかということまではさだかではない。

ただ、少なくとも京都では、これを境に禁中への千秋万歳のすがたが消えたとされており〔世界人権問題研究センター編二〇〇四〕、声聞師集団としてその名が知られた北畠党や大黒党も大きな打撃をうけたことだけはまちがいないといえよう。

なお、三鬼清一郎氏は、声聞師が荒れ地へ送られた背景には、「起こし返した土地が再び水害におびやかされることなく、安定した生産が確保できるよう、地の神を鎮める役割が強く期待されていた」と、その呪術的な職能にあったと理解している〔三鬼一九八七〕。興味深い理解といえようが、ただし、先にもみたように、豊後国のときには、「占卜や魔術をおこなってはならぬと命令」されており、もし尾張国でも同様であったのだとすれば、この点については慎重に検討する必要があろう。

在陣の留守の女房衆

以上が、おおよそ史料でわかるかぎりの「唱門師払い」のようすである。それにしてもなぜ、「唱門師払い」が、この時期になって突然、秀吉によっておこなわれることになったのだろうか。この点について考えていくことにしよう。

すると、まず思いあたるのは、その発端には、声聞師だけではなく、彼らから「金銀多くと」られたという「在陣の留守の女房衆」や「大坂城の女たち」、つまりは、対外戦争のため秀吉が留守にしていた大坂城内の女房衆もかかわっていたという事実である。

そして、そのことを念頭において、「唱門師払い」の記事が書かれた日の翌日にあたる

『時慶記』文禄二年一〇月二〇日条をながめてみると、つぎのような興味深い記事が書かれていることにも気づくこととなろう。

大坂において若公《（豊臣秀頼）》の御袋《（淀殿）》家中女房衆、御留守に曲事《くせごと》これあるよし聞こしめし、御成敗の義一両日これあると、

ここにみえる「若公」とは、同年八月三日に大坂で誕生した御拾《おひろい》（のちの秀頼《ひでより》）のことを指す。したがって、その「御袋」とは、いわゆる淀殿となるわけだが、その「御袋家中女房衆」においても、秀吉の「御留守」中に「曲事」（けしからぬこと）があり、そのため、「御成敗」がおこなわれるとのうわさが京都へもたらされていたことがあきらかとなる。

この「御袋家中女房衆」と、先にみた「在陣の留守の女房衆」「大坂城の女たち」との関係についてはさだかではない。しかしながら、秀吉が留守にしていた大坂城では、女房衆による「曲事」があったということだけは少なくともまちがいないところといえよう。

じつは、これに関連して、『フロイス日本史』にも、先にみた「唱門師払い」を伝える記事につづいて、つぎのような記事を見い出すことができる。

（老）関白《（豊臣秀吉）》の宮殿の女たちのあいだでも多くの不行跡がみられたので、多数の男女と仏僧が（老関白の命によって）死刑に処せられた。奥方《（北政所）》の侍女マグダレナについては、（老）関白は、彼女はこの騒動に無関係であることを熟知しているとのべ、彼女はキ

リシタンなので品行が正しいと言外にほのめかしていた。火刑や斬刑に処せられたものは三十名をこえた。

秀吉の「奥方」こと、北政所《きたのまんどころ》は、このころ大坂と京都を行き来していたようなので〔藤井編二〇一一〕、ここでいう「宮殿」もまた、大坂城のことであろう。したがって、北政所周辺の「女たちのあいだ」にも「不行跡」がみられ、それにかかわった「三十名」をこえる「多数の男女と仏僧」が「火刑や斬刑に処せられた」ことがわかる。

注目されるのは、そのようななか、「奥方」の「侍女マグダレナ」だけは、「キリシタンなので」、「品行が正し」く、「この騒動に無関係」であると秀吉から認識されていた点である。そこから逆に、「宮殿の女たち」の「不行跡」や「品行が正し」くなかった事実もうきぼりとなってくるからである。

もっとも、ここでいう「不行跡」や「品行が正し」くないとされていることが、具体的に何を意味しているのかという点についてはさだかではない。ただ、これらと、先に『時慶記』一〇月一九日条に記された「みだりに男女の義」とのあいだには何らかの関係があるとみるのが自然であろう。

諸国博士成敗

このように、秀吉が「名護屋に在陣中」、大坂城では、女房衆による「曲事」や「不行跡」があったことがあきらかとなるわけだが、もっとも、ここまでみてきても、声聞師がそれらとどのようにかかわっていたのかということまではわからない。

ただ、そのいっぽうで、女房衆と声聞師とのつながりという点に焦点をしぼってみると、つぎのような史料もうかびあがってくることになる。

> このころ、諸国博士成敗あるべきのよしのたまうのあいだ、山林へ隠れのがる、その子細は、先年太閤（豊臣秀吉）召しつかいたまう青女《あおおんな》、かけ落ちしてあいみえざることあり、このたび見物のことありけるところに、これを見いだし搦《から》め捕らえ、日来《ひごろ》のありさまをあいたずねらるに、博士隠し置くのよし言上《ごんじょう》せしむるのあいだ、かくのごとし、

これは、『当代記』文禄二年条に載せられた記事だが、ここにみえる「博士」もまた、「呪術師、または占い師」と『日葡辞書《にっぽじしょ》』が説明しているように、声聞師を意味している。そして、それをふまえたうえで、右の史料が伝えるところをまとめてみるとつぎのようになろう。

このころ、つまり文禄二年に「諸国博士」（声聞師）を「成敗」すべきと（おそらく秀吉が）命じたので、「博士」たちは、「山林」に隠れのがれた。そのような「成敗」がおこなわれることになった「子細」（理由）というのは、「太閤」秀吉が召しつかっていた「青女」（青女房。『日葡辞書』によれば、公家につかえる身分ある婦人）が突然ゆくえをくらまし

たため、それをさがし出し、ようすをたずねたところ、「博士」が自分を「隠し置」いたと「言上」したからである、と。

ここにみえる「諸国博士成敗」と先にみた「唱門師払い」「日本国の陰陽師」の豊後国移住とがどのような関係にあるのかという点については、さだかでない。また、「博士」が、なぜ「青女」を「隠し置く」ことになったのかという点もこれだけではわからない。ただ、ここからは少なくとも、「博士」が「太閤召しつかいたまう青女」と直接的な接触をもちうる立場にあったことだけは読みとれよう。

男留守のとき

じつは、そのようにしてみたとき、注目される史料がある。その史料とは、具体的にはつぎのようなものである。

一、男留守のとき、その家へ座頭《ざとう》、商人、舞々、猿楽《さるがく》、猿遣《さるつか》い、諸勧進《かんじん》このたぐい、あるいは親類たりといえども、男いっさい立ち入り停止《ちょうじ》なり、もしあい煩うときは、その親類同心せしめ、白昼見まうべし、奉行人たるといえども、門外にてことわりをとぐべきこと、ただし、親子・兄弟は各別たるべきこと、

これは、土佐国（現在の高知県）の大名長宗我部《ちょうそかべ》氏が、文禄五年（慶長元年、一五九六）一一月一五日にさだめたと考えられている掟書のなかの一条である。

じつは、ここに登場する「舞々」もまた、声聞師を意味しており、それによって、長宗

我部家中では、「男留守のとき」には、「舞々」をはじめとした芸能者や「商人」、あるいは「親類」であっても、「その家」に「男いっさい立ち入り停止」がさだめられていたことがわかる。

「男」、つまり夫が「留守のとき」とわざわざ書かれている以上、この条項が問題にしているのは、「その家」の女房＝妻の行状であることはあきらかだが、その女房が「もしあい煩」い（病気になり）、夫以外の「男」が「見まう」場合でも、「白昼」に「親類」が「同心」（同道）しなければならず、それればかりか、役人である「奉行人」でさえ、「門外」で用事をすます必要があるなど、夫以外の「男」との接触を徹底的に排除しようとしていたことが知られよう。

それでは、なぜそこまで神経質にならなければならなかったのかといえば、それは、この条項のひとつまえに「他人の女を犯すこと」という条項がおかれていることからもわかるように、「その家」の女房のいわば「不行跡」を懸念してのことであったことはあきらかといえる。と同時に、それはそのまま、「男留守のとき」に「その家」の女房の行状を管理することがいかにむずかしかったのかということを裏がえすものといえよう。

そのことはまた、中世の女性がそなえていた自立性や独立性をあらわすものともいえようが、そうであれば、なおさら同じようなことは、土佐国の長宗我部家中だけの問題だったとは考えにくい。

同時代であれば、どこででもおこりえることとみたほうが自然であり、そして、そのような懸念される「男」のなかに、「舞々」、つまりは声聞師の存在があったことが、秀吉をして「唱門師払い」をおこなわせるにいたった理由のひとつと考えられよう。

もっとも、そうはいっても、声聞師と「在陣の留守の女房」とのあいだに具体的に何があったのかということまでを史料によって詰めることはできない。ただ、秀吉もまた、というより秀吉でさえ、そのまわりにつかえる女房衆の行状にいかに頭をなやましていたのかということを示すようなできごとが、「唱門師払い」の直後の一一月におこっている。

秀吉側室の御いとま

そのできごととは、『時慶記』文禄二年一一月四日条が伝える、つぎのようなものである。

太閤《豊臣秀吉》に召し置かれそうろう女房、御いとまを申し出でずそうろう、男持ちそうろう、よって罪、三条の橋の詰めにして、子と乳《ち》は煮殺しそうろう、親二人は土へ掘り入れ、首を出して首を七日に竹ののこぎりにて引かるとなり、

「太閤に召し置かれそうろう女房」が「御いとま」を得ないで、「男」（夫）を持ち、「子」をなしたため、その「子」と「乳」（乳母）は、石川五右衛門のように「煮殺」され

た。それだけではなく、「女房」と「男」の「親二人」は、「土へ掘り入れ」られ、「首を出し」、「七日」まで「竹ののこぎりにて引か」れる、いわゆるのこぎり引きの刑に処せられたという。

凄惨きわまりない処刑が、「三条の橋の詰め」（三条河原のことであろう）でおこなわれたことがわかるが、しかしながら、なぜ「女房」は、このようなむごたらしい仕打ちをうけなければならなかったのであろうか。

右によれば、「女房」が「御いとま」を得ず、しかも「男持」ったことが問題にされたように思われるが、この点に関しては、同じできごとを『フロイス日本史』がつぎのように伝えているので、それもみてみることにしよう。

（老）関白《（豊臣秀吉）》は、妾のひとりが病気になった折、彼女が自分の家にもどって療養することをゆるし、（中略）同女は病気が癒えると、すでに（老）関白は自由行動を許可したものと思っていたので、ある僧侶に嫁ぎ、一子をもうけた。彼女は気軽に考えて（老）関白に逢いにいき、（中略）（老）関白は、彼女が、どこにいるかとたずねられたのに対して、結婚していると答えたのを聞くと、烈火のように憤り、彼女とその夫を捕らえさせ、腰まで地に埋め、両名を一本の柱にしばりつけて、おそるべき苦痛をなめさせ、三日間にわたり、竹製ののこぎりで徐々に彼らの首を切るようにと命じた。

だがそのやりかたでは殺せないことがわかると、斬首せしめ、（さらに）その子供と乳母、および女の母親をも火刑に処した。

これによれば、くだんの「女房」は、「妾のひとり」と記されており、秀吉のいわゆる側室のように伝えられている。また、ここでは、彼女は、「御いとま」を得なかったわけではなく、「病気になった」ので、「自分の家にもどって療養すること」がゆるされたこともわかるが、そのことによって、彼女は「自由行動を許可」されたと思い、「ある僧侶に嫁ぎ、一子をもうけた」という。

その後、「自由行動を許可」されたと思っていた「彼女は気軽に考えて（老）関白に逢いにいき」、「結婚していると答えた」ところ、秀吉から怒りを買い、「彼女とその夫」は、「三日間にわたり、竹製ののこぎりで徐々に」首を切られるだけではなく、最後には「斬首」され、「その子供と乳母、および女の母親をも火刑に処」せられたことが知られる。

のこぎり引きの刑の日数や「女の母親」までが「火刑」に処せられるなど、『時慶記』の記事とは異なる点もみられるものの、おおよそ同じできごとを伝えていると考えてまちがいないであろう。

凄惨な処刑

それをふまえたうえで、問題としてうかびあがってくるのは、「御いとま」をめぐる「女房」と秀吉との認識の違いであり、また、その延長線上にある「結婚」や「一子をもうけ」るという行動についてである。

それでは、なぜそのような認識の違いはうまれたのであろうか。そこで注目されるのが、同じくルイス・フロイスによって編纂された『日欧文化比較』という書物にみえる、つぎのような一節である。

ヨーロッパでは妻は夫の許可がなくては、家から外へ出ない。日本の女性は夫に知らせず、好きなところに行く自由をもっている。

『日欧文化比較』は、「イエズス会屈指の日本通のフロイス」によって、ヨーロッパと日本にかかわる、ありとあらゆる違いに目をむけて書かれた「生活史、風俗史関係史料の宝庫」とされているものだが〔佐久間ほか一九六五〕、そこにおさめられた右の証言によれば、「日本の女性」は「夫」の「許可」なく、「家から外へ出」て、「好きなところに行く自由をもって」いたという〔下坂一九九九〕。

これが物見遊山の外出だけを指しているのか、あるいは、そのほかも含めてのことだったのかについてはさだかではない。ただ、『時慶記』と『フロイス日本史』の記事を考えあわせてみるに、「御いとま」をめぐる「女房」の認識というのは、これに近かったといえるだろう。

それに対して、秀吉のほうは、どちらかといえば、ヨーロッパの「夫」に近い認識だったともいえるが、仮にそうとまでいわなくとも、秀吉は、「女房」とその「男」の行動を密懐《みっかい》（密通とも、いわゆる不倫）とみなしていた可能性は高いように思われる。

というのも、彼らがのこぎり引きにされた「三条の橋の詰め」では、さかのぼること二年ほどまえの天正一九年（一五九一）二月七日にも、「密夫《みっぷ》をつかまつりそうろうもの、夫婦ともに三条橋に曝《さら》されそうろう」（『時慶記』同日条）と、「密夫」（密懐・密通）をした「夫」（姦夫）と「婦」（姦婦）がともに、曝し刑に処されたということが知られているからである。

問題の「女房」が「御いとま」を得たと認識したのがいつのことだったのかという点については、さだかではない。ただ、「男持ち」、「子」を得たのは、時期的なことから考えて、秀吉の「御留守」中であった可能性は高いであろう。

したがって、ここからは、秀吉が、一連の「女房衆」の「不行跡」を密懐として処理し、その報いを凄惨な処刑をみせつけることで予防しようとしていたことがうかびあがってくる。

もっとも、ここで注意しておく必要があるのは、このようなみせしめをともなう方策をわざわざ秀吉がとったのは、単なる嫉妬心などからではなく、同じような状況におかれていたであろう諸大名・諸侍の家中へのみせしめでもあったと考えられる点であろう。

そういう意味では、「唱門師払い」にしても、また、「三条の橋の詰め」での凄惨な処刑にしても、いずれも、「不穏な京の町」の章でみたように、みずからの「御留守」中に淀《よど》殿《どの》が子（しかも、「若公」）を出産したことがいかに大きな波紋をもたらすのかということを身をもって体感した秀吉なればこそ、とりえた方策でもあったといえる。

それでは、諸大名・諸侍の家中では、実際にどのようなことがおこっていたのであろうか。次節では、そのような諸大名・諸侍のひとりで、文禄二年二月に対外戦争における「大将」（『豊公遺文』）という処遇をうけたことでも知られる宇喜多秀家《うきたひでいえ》（大西二〇一〇a）の女房の身におこった、あるできごとに焦点をあわせてみていくことにしよう。

狐狩り

野狐の祟り

京都の伏見稲荷社《ふしみいなり》（伏見稲荷大社）といえば、稲荷信仰の中心地として、また、現在では初詣参拝者の多さでも話題にのぼる神社としてよく知られている。その稲荷社の旧社家であった大西家が所蔵していた古文書のなかに、宇喜多秀家《うきたひでいえ》の女房の身におこった、あるできごとを伝える一通の古文書が残されていた〔桑田一九三五・一九七二〕。少し長くなるが、引用してみるとつぎのようなものになろう。

備前中納言殿（宇喜多秀家）御簾中《れんちゅう》、今般産後御病中、物怪《もののけ》（憑）付くとあい見えそうろう、とかく野狐の所為《しょい》と思しめされそうろうについて、御朱印をもってあい究められそうろう、日域《じちいき》において誰や公儀を軽んずるか、一天下の有情《うじょう》・非情《むじょう》何ぞ上意を重んぜざる、いわんや畜類においてをや、その畏れのがるべからず、すみやかに退去すべし、かくのごときのうえは、なお付きそい、右佐のゆえ不慮出来《しゅったい》においては、当社則時《そくじ》に破却せられ、そのうえ、日本国中狐狩り毎年かたく仰せ付けられ、その類を断ち、ことごとく殺し果たさるべきの旨、御意そうろう条、社人その旨を存ぜられ、肝膽《かんたん》をくだき、懇祈《こんき》をぬきんぜらるべき義、専一にそうろう、恐々謹言、

石田治《じ》部《ぶ》少輔《しょうゆう》

拾月廿日　　三成（花押）

増田右衛《え》門尉《もんのじょう》

長盛（花押）

稲荷

社人《しゃにん》中

冒頭にみえる「備前中納言《びぜんちゅうなごん》」が、当時、備前国（現在の岡山県南東部）岡山城主であった宇喜多秀家（『公卿補任《くぎょうぶにん》』によれば、権中納言となったのは文禄三年五月、同年七月には辞退しているので、厳密にいえば、前権中納言）、そして、「簾中」が、その夫人、つまりは女房を指している。

右の文書は、その女房の身におこった、あるできごとについて、秀吉がくだした命令をその家臣である増田長盛《ましたながもり》と石田三成のふたりが、稲荷社の「社人中」（神職一同）に伝達

図16　宇喜多秀家画像（岡山城天守閣所蔵）

したものである。内容をかいつまんで紹介してみると、つぎのようになろう。

宇喜多秀家の女房が、出「産後」に「御病」となり、「物怪付《（憑）》」いたかのようになった。そのすがたをみて、秀吉は、「野狐」の「所為」（しわざ）と判断し、つぎのような命令を「御朱印」状でくだした。

すなわち、「日域」（日本）では、だれひとりとして「公儀」（秀吉とその政権）を軽んずるものはなく、「一天下」（世の中）の「有情」（生命をもつもの）も、「非情」（生命をもたないもの）もすべてみな「上意」（秀吉の命令）を重んじている。したがって、「野狐」のごとき「畜類」（けだもの）が、畏れしたがわないという理由はない。ただちに女房のからだから「退去」せよ。

それでもなお憑きまとい、もし、「物怪」のしわざで女房の身に「不慮」の事態がおこるようなことがあれば、「当社」（伏見稲荷社）を「則時」（すぐさま）「破却」したうえ、

「日本国中狐狩り」をするよう「毎年」命令をくだし、その「類」（種属）を根絶するまで、「ことごとく殺し果た」す所存である、と。

以上が、秀吉の「御意」（仰せ）である。よって、稲荷社の「社人」は、よくよく承知し、「肝膽をくだき」（一生懸命に）、女房のからだから「野狐」が「退去」するよう「懇祈」（ねんごろの祈り）をつくすのが「専一」（第一）であることを、増田長盛と石田三成が伝達する。

宇喜多秀家女房の御病

秀家女房のからだから「野狐」を追い出すために、わざわざ伏見稲荷社へ右のような文書が出されたのは、狐が稲荷の神の使いとみなされていたからであろう。ただ、それにしても、その内容は、不可思議なものであり、また、他に例をみないものといわざるをえない。

実際、右の文書を発見した桑田忠親氏も、秀吉のような「天下を統一するほどの英雄が、一婦女子の病悩の平癒を願うために、野狐を相手に、これほどまでに興奮しなければならなかった理由は何か。この古文書を見ただけでは、まったく理解に苦しむほかない」とのべている〔桑田一九七二〕。

いっぽう、朝尾直弘氏は、右の文書から、秀吉の「権威に服するのは、百姓だけではなく、武士だけでもなく、すべての人間、すべての動物、すべての植物、この日本国中にあ

図17　伏見稲荷大社

りとあらゆるものが、秀吉の超越的権威に服するものとして存在した。つまり、秀吉は神になった」ことを読みとっている〔朝尾二〇〇四〕。

いずれも、その内容を額面どおりにうけとっているという点では共通しているが、しかしながら、はたしてそれでよいのであろうか。なにより、秀家女房の「御病」と「野狐」との関係について、もう少し具体的にわからなければ、どうしようもないように思われる。

そこでまず、注目されるのは、公家の中《なか》山親綱《やまちかつな》の日記『親綱卿記』の文禄四年（一五九五）一〇月二三日条にも、「備前中納言（宇喜多秀家）内儀《ないぎ》、煩いにつき、御神楽《みかぐら》御執行あるべきのよし、民法（前田玄以）の折紙あり」という記事がみえる点である〔桑田一九三五・一九七一〕。

ここからは、「備前中納言」（宇喜多秀家）「内儀」（夫人、女房）の「煩い」（病気）平癒のため、禁中《きんちゅう》（内裏《だいり》）内侍所《ないしどころ》（三種《さんしゅ》の神器《じんぎ》の神鏡がおかれたところ）での「御神楽」の「御執行」も、「民法」（前田玄以《まえだげんい》）をとおして秀吉から要請されていたことがあきらかとなるからである。

一〇月二三日が、先の文書の三日後であることから考えても、ここにみえる「煩い」が、先の「御病」を指していることはまちがいない。と同時に、ここから、先の文書の年代もまた、文禄四年であったことが知られるところとなろう。

このように、秀家女房の「御病」が文禄四年一〇月のできごとであったことがあきらかになってくると、つぎのような史料もうかびあがってくることになる。

産後の乱心

廿六日、乙丑《きのとうし》、備前黄門（宇喜多秀家）御女房衆、今度平産已後《へいざんいご》、もってのほか御煩いなり、血気《けつき》ゆえか、乱心とうんぬん、野孤（狐）の祟りとうんぬん、かたがた祈念の義うけたまわりおわんぬ、三日いそぎ御祈禱結願《けちがん》せしめ、民部（萩原兼従）をもって、御祓《おはらい》・鎮札など、大坂にいたり持ちまかりくだり、今夜まかりのぼりおわんぬ、かさねて御祈禱の義仰せ出ださるなり、（中略）泰山府君《たいざんふくん》の祭執行すべきのよしうけたまわりおわんぬ、この祭は陰《おん》

図18　吉田神社

陽道《みょうどう》これを執行す、神道《しんとう》には北斗の祭、泰山府君同前のよし、民部《みんぶ》申し入るなり、

これは、京都の吉田社（吉田神社）の神官にして公家でもあった吉田兼見《よしだかねみ》の日記『兼見卿記』文禄四年一〇月二六日条にみえる記事である。冒頭の「備前黄門《こうもん》女房衆」が宇喜多秀家女房を指し、また、その月日が一〇月二六日であることから、この史料も、例の「御病」にかかわるものであることがあきらかとなる。

そのことをふまえたうえで、内容をたどってみると、秀家女房が「平産」（安産）のあとに「御煩い」（病気）となったところまでは同じであるものの、その「御煩い」が、産後の「血気」（いわゆる血の道）

による「乱心」（精神的な不安定状態）であったことが読みとれる。

おそらくは、そのようすをまわりのものが野狐の祟りと見立てたのだろう、秀吉も「野狐の所為」と判断したことがわかるが、その結果として、吉田兼見に対して、祟りを払う「祈念」の要請があったことも読みとれる。また、その「祈念」の証しとしての「御祓・鎮札など」が、「民部」（孫の萩原兼従《はぎわらかねより》であろう）によって「大坂」へもたらされたこともわかるので、秀家女房も大坂にいたことが知られよう。

ここで目をひくのは、この日の夜に帰ってきた「民部」が、「かさねて御祈禱」するようにとの要請をうけてきたものの、その「御祈禱」が「陰陽道」の「泰山府君の祭」であったため、それと「同前」である「北斗の祭」を吉田「神道」では「執行」する旨を申し入れたという事実である。

ここからは、秀吉とその政権が、吉田神道と陰陽道との区別を今ひとつできていなかったようすがうかがえるが、それに対して、兼見のほうは、「北斗の祭」を翌一一月八日の「早天」に「結願」し、九日には、「御祓など」を「大坂」へ送り、そして、一一日に「御病は大験《たいげん》のよし」との報にもふれているので（『兼見卿記』一一月八・一一日条）、秀家女房の「御病」にも一定の回復がみられたことが知られよう。

このように、『兼見卿記』の記事をたどってみると、秀家女房が、産後の「血気」によって「乱心」に陥り、それが野狐の祟りとみなされたこと、また、その「御病」を癒やし、祟りを払うための祈禱要請が、伏見稲荷社に対してだけではなく、内侍所や吉田社に対してもあったことがあきらかとなる。

もっとも、そうなると逆に、伏見稲荷社に対する秀吉の態度というのは、際だつものであったといわざるをえなくなる。そこには、いったい何があったのだろうか。

稲荷信仰

そこで注目されるのが、当時来日していたイエズス会宣教師の手になる報告のうち、『一五九六年度年報』（『十六・七世紀イエズス会日本報告集』）にみえる、つぎのような記事の存在である（以下、引用中〔　〕内は原注）（北川二〇〇五）。

太閤《豊臣秀吉》はおのが統治のはじめに、二ヵ国の国主筑前殿《前田利家》の娘を三ヵ国の国主備前宰相殿《宇喜多秀家》と結婚させようとのぞんだ。彼女が重病にかかって四、五時間は危篤の状態であったので、無数の祈願や悪魔的な儀式が偶像崇拝者たちの小さな犠牲によって示された（中略）そこでこの夫人がついに少しく息をしたとき、公然とつぎのように唱えはじめた。自分は岡山の稲荷〔彼は日本国で非常に崇拝すべき神、または偶像の一つである〕である、と。他のすべての神、あるいは日本の稲荷はここに含まれている。さらにつぎのように付言された。自分はこの夫人のすでに死んだ二人の息子を手中にしている。自分はまた、ここを去ろうと思っている。しかし自分が去って後、夜が明けてから、〔彼女に）不思議なことがおこりはせぬか、それが心配だ、と。悪魔が人間に憑いたとき、日本人たちは、「その人に狐がのり移った」という。彼らは狐を悪魔であると考えている。彼らは悪魔を追い出すために、まったく奇妙でみたこともない儀式に幾百とも知れぬ迷信的に口ずさむ呪文をもちいる。なぜなら彼らは、大坂の市のすべての犬を殺すように命じ、これによって先の夫人の腹のなかに入っている狐を完全におどろかそうというものだったからである。

ここからはまず、秀家女房が、「筑前殿」こと前田利家の「娘」であり、それを秀吉が、「備前宰相殿」（『公卿補任』によれば、宇喜多秀家は、天正一五年から一九年まで参議〈宰相〉であった）と「結婚」させたことがあきらかとなる。

この女性こそ、このころ、「備前宰相御内南の御かた」（『駒井日記』文禄三年正月晦日条）ともよばれ、秀吉や北政所《きたのまんどころ》とは特別な関係にあったことでも知られる人物、いわゆる豪《ごう》姫だが、その女性と秀家とが「結婚」したのは、天正一六年（一五八八）以前と考えられている〔大西二〇一〇b〕。

また、その年齢も、慶長二年（一五九七）の段階で「戌歳《いぬどし》廿四」（二四歳。『義演准后日《ぎえんじゅごうにっ》記《き》』同年一二月一〇日条）だったことが確認できるので、「結婚」したころというのは、数えで一五歳ほど、文禄四年段階でも二二歳という若さだったことが知られよう。

その二二歳の秀家女房が、「公然とつぎのように唱えはじめた」という。すなわちそれが、「自分は岡山の稲荷〔彼は日本国で非常に崇拝すべき神、または偶像の一つである〕であ る」というものであった。

ここでなぜ、伏見の稲荷ではなく、「岡山の稲荷」なのかという点についてはさだかではないが、これを信用すれば、秀家女房には、このとき「稲荷」の神が憑依《ひょうい》したことになる。と同時に、先の文書が、伏見稲荷社に対して出されることになった事情というのもうなずけよう。

もっとも、もし「稲荷」の神が憑依したのであれば、そのあとにみえる、「悪魔が人間に憑いたとき、日本人たちは、「その人に狐がのり移った」という。彼らは狐を悪魔であると考えている」という文章との整合性が読みとりにくくなってしまう。このままでは、「稲荷」の神と「悪魔」と「狐」とが、同じようになってしまうからである。

おそらく常識的に考えれば、秀家女房の身におこったこととは、「その人に狐がのり移った」のであり、その「狐」が一連の話を語ったのだろう。すなわち、これが、先の文書にみえる「野狐の所為」や、『兼見卿記』にみえる「野狐の祟り」である。

そして、「夫人の腹のなかに入っている狐を完全におどろか」せ、「狐」=「悪魔」を「追い出すために」おこなわれたのが、「大坂の市のすべての犬を殺すように命じ」ることであった。

ここで「大坂の市のすべての犬を殺す」とあるのは、先にもふれたように、秀家女房が大坂にいたためであろう。もっとも、先の文書では、「日本国中狐狩り」とあるので、当初は、「大坂の市」だけであったのが、ある段階で「日本国中」へと発展し、それゆえ、稲荷信仰の中心地である伏見稲荷社に文書が出されることへとつながっていったと考えられる。

子どもの出産・死と狐

このように、イエズス会の『一五九六年度年報』は、そのままでは意味の通らない部分もないわけではないが、おおよそのところで、先の文書や『兼見卿記』の記事と合致する。とともに、より具体的なようすを伝えているという点では貴重な史料といえよう。

とりわけ注目されるのは、「岡山の稲荷」=「夫人の腹のなかに入っている狐」が、「自分はこの夫人のすでに死んだ二人の息子を手中にしている」と語り、自分が「ここを」「去って後、夜が明けてから、（彼女に）不思議なことがおこりはせぬか、それが心配だ」と語っている点である。

ここからは、当時、狐が出産や出産してまもない子どもの命に何らかの作用をおよぼしかねない存在とみられていたことがうかがえるからだが、そうしてみると、つぎのような史料も無縁とはいえなくなってくるだろう。

今暁、南の庭中《ていちゅう》にて夜狐鳴きそうろう、（豊臣秀次）殿下の若公薨《こう》ぜられそうろう、

これは、『時慶記』文禄二年六月七日条にみえる記事である。ここからは、その日の「暁」に禁中（内裏）の紫宸殿《ししんでん》の南の「庭中」で「夜狐」が「鳴」いたことと、「殿下」（関白秀次《ひでつぐ》）の「若公」が亡くなったこととがあたかも対応するかのようにとらえられていたことが読みとれる。

もちろん、このふたつのできごとのあいだに因果関係があるのかどうかといったことをあきらかにすることはできない。しかしながら、少なくともこの記事を書いた西洞院時《にしのとういんとき》慶《よし》が、そこに何らかのむすびつきを感じとっていたことだけはまちがいないといえよう。

しかも、それはけっしてよろこばれるようなものではなく、むしろ忌むべき死のにおいがするものであったところにも特徴がみられる。そして、それは、『当代記』文禄二年条にみえる、つぎのような記事ともその底流でつながっていると考えられよう。

この春、奈良近所に不思議の神子出来《しゅったい》す、年十七ばかりなり、（中略）詣でくるものの出来、病立ちどころに平癒し、痛所《いたみしょ》などは、神子の手をもってさすりければ、そのまま直りける、貴賤群集ななめならず、（中略）そのころ懐妊しけるが、その年冬果て誕生しけるに狐なりけるあいだ、これをみて彼の神子すなわち死にける、

これによれば、文禄二年の「春」、「奈良近所」に「年十七」の「不思議」なる「神子」があらわれ、その「神子」のもとへ詣でれば、「病立ちどころ」に「平癒」し、また、「痛所」（痛いところ）もその「手」で「さす」ってもらえば、「直」ったという。

そのため、「貴賤群集」したというが、ところが、「神子」は「懐妊」しており、「その年」の「冬」のおわりに出産したものの、おどろくべきことに「狐」を産み、それをみた神子もたちまち死んでしまったという。

一読しただけでは、にわかには信じがたい話といわざるをえないが、ただ、ここからも、狐の存在が、出産や死とむすびつけられて、考えられていたことがあきらかとなる。しかも、先の『時慶記』の記事も、この『当代記』の記事も、ともに文禄二年のできごととして伝えられており、それらをふまえるならば、少なくとも文禄二年ころの京都や奈良あたりでは、狐の存在が、出産や出産してまもない子どもの死とむすびつけられて、語られていたということはいえるだろう。

狐狩りと声聞師払い

おそらくこのようなことが背景となって、二年後にあたる文禄四年に秀家女房の身におこったできごとに対するひとつの方策として「日本国中狐狩り」なるものがおこなわれたのではないかと思われるが、こうしてみたとき、思いおこされるのが、「狐狩り」と同じように、「日本国」の「陰陽師」（声聞師《しょうもじ》）を対象に文禄二年におこなわれた「唱門師払い」についてであろう。

もっとも、一見しただけでは、「狐狩り」と「唱門師払い」とのあいだには何の関連もなさそうにみえる。しかし、そこに、西山克氏があきらかにしたように〔西山二〇〇二〕、狐憑きをおこすことのできる「狐使い」としての医師や陰陽師、あるいはイタカ（乞食《こつじき》坊主の一種）の存在などを念頭においてみるとどうだろうか。秀家女房に「野狐」がとり憑いた文禄四年ころには、京都にも、また大坂にも、「狐使い」とされる声聞師が追放され、いなかったことに気づくこととなろう。

おそらくは、そのような状況下でまず選択されたのが、「野狐」そのものを狩るということだったと考えられる。ただし、問題の「野狐」は実際の動物としてのそれではなく、「夫人の腹のなかに入っている狐」であり、しかも「狐使い」とされる声聞師をすでに追放してしまっている以上、ことのほか狐との縁が深いとされていた伏見稲荷社に文書を出して、「懇祈」をつくさせるとともに、内侍所や吉田社へも「御神楽」や「御祈禱」を命じることで、事態に対処しようとしていたというのが一連の動きであったと考えられよう。

そういう意味では、秀吉とその政権がおこなったことは、けっして荒唐無稽なことではなく、むしろ当時の実状にそくした方策であったといえる。そして、そのような、一見、荒唐無稽にみえるようなことまでおこなわざるをえなかった背景には、前節でみたような、秀吉や諸大名・諸侍の女房の行状、あるいはまた、彼女らが出産する子どもの性別や生死いかんによって、天下がゆるがされかねないという深刻な危機感があったと考えられる。

実際、それを裏づけるように秀家女房のできごとからわずか二ヵ月前には、ひとりの子どもの誕生をきっかけにして、京都で悲劇がまきおこったばかりだったからである。その子どもこそ、淀殿《よどどの》がうんだ御拾《おひろい》（秀頼《ひでより》）にほかならず、そしてまた、悲劇というのが、関白秀次とその妻子が滅亡に追いこまれた、いわゆる秀次事件であった。

こうしてみるとわかるように、先の文書をとおして、「すべての人間、すべての動物、すべての植物、この日本国中にありとあらゆるものが、秀吉の超越的権威に服するものとして存在した」ことを読みとった朝尾直弘氏の理解とはむしろ逆に、秀吉は、「野狐」などの「物恠」や声聞師がそなえる呪術、あるいは、女房とその出産、そして、出産してもない子どもの性別や生死といった、みずからの力ではいかんともしがたいものに翻弄されつづけていたとみることもできよう。

それは同時に、天下人秀吉が力をふるえた領域というのが、じつは世界のごく一部にすぎないという、あらためて考えてみれば、当然というべき事実を示しているわけだが、そのことを跡づけていくかのようにして秀吉とその政権は、このあと、彼らの力のおよばないものによって、しだいに追いつめられていくことになるのである。

天変地異と政権の動揺

恠　異

ふたたび三条河原

宇喜多秀家《うきたひでいえ》女房の御病からさかのぼることおよそ二ヵ月ほどまえの文禄四年（一五九五）八月二日、洛中（京中）をふるえあがらせるできごとが三条河原でおこった〔藤田二〇〇三〕。そのようすについては、いくつかの記録に書き残されているが〔愛知県史編さん委員会編二〇一三〕、そのひとつ、吉田兼見《よしだかねみ》の日記『兼見卿記』同日条をひもといてみると、つぎのようにみることができる。

殿下（豊臣秀次）御女中衆卅人あまり、乗車にて洛中を渡し、三条河原において成敗す、おのおの首を切り、塚を築くとうんぬん、希代の義なり、殿下の御首をもがりの内に据えて、その前にて成敗すとうんぬん、若公・女子かけて三人同前御成敗なり、諸人見ざるのよし風聞なり、

図19　三条河原での処刑（『瑞泉寺絵縁起』京都瑞泉寺所蔵）

「殿下」こと、関白秀次が高野山にて「御腹」を「切」ったのは、七月「十五日」の「巳の刻」（午前一〇時ころ。『兼見卿記』七月一六日条）、それからわずか半月後に、その「女中衆」（女房衆）三〇人あまりと「若公・女子」三人が、車に乗せられ、「洛中を渡」されたのち、「三条河原」において「首を切」られたことがわかる。

しかも、そのさい、「殿下の御首」が、女房衆らをとり囲む「もがり」（虎落＝竹を組んでつくった垣）のなかに置かれ、そのまえで「成敗」（斬罪、処刑）されただけでなく、母とともに「御成敗」された「女子」＝「御ひめ様」が「三つ」（数えの三歳）、「若公」のひとり「御百様」が「二つ」、もうひとりの「御ミや様」にいたっては、うまれてまもない「一才」の赤子だったというのだから（『上宮寺《じょうぐうじ》文書』）、凄惨きわまりない殺戮《さつりく》がくりひろげられたことが知られよう。

公家の山科言経《やましなときつね》の日記『言経卿記』同日条によれば、「貴賤群集の見物」とあり、多くの人びとの面前で処刑がおこなわれたことがわかるが、『兼見卿記』が伝えるように、子どもたちが殺されるさいには、「諸人」（多くの人びと）は「見ざる」（目を伏せた）というのが実際だったにちがいない。

それを裏づけるように、イエズス会宣教師もそのようすをつぎのように伝えている（『一五九五年度年報補遺』『十六・七世紀イエズス会日本報告集』）。

ある（女の）見物人は恐怖のあまり腰をぬかして失神したようすで、すでに死を思いうかべ、生きたものというよりは、むしろ死者の形相であった。また乳母の肩に背負われた三人の幼童（彼らは処刑場へ行くとも知らず、そこを安全な場所のように思って抱きついていた）が同様に刑吏に牽かれているすがたをみるほど、その不幸な運命を悲惨なものにしている光景はなかった。

秀次一族塚　このように、無残にも三四人（藤田二〇〇三）におよぶ人びとが、三条河原で「首を切」られたことがわかるわけだが、それでは、その人びとの遺骸は、その後、どのようにあつかわれたのだろうか。これについても、イエズス会宣教師がつぎのように伝えている（『一五九五年度年報補遺』）。

遺骸はすべて、太閤様（豊臣秀吉）の命令によってあらかじめ掘られていた墓穴に投げこまれ、その跡に廟《びょう》とともに墓碑が建立された。そこには「畜生、つまり裏切者の祠《ほこら》」と彫られていた。

すなわち、あらかじめ「墓穴」が用意され、そこへ遺骸は「投げこまれ」たうえ、「廟」が築かれたのであった。これが、『兼見卿記』にみえる「塚」であり、それを築くにあたっては、「上下京《かみしもぎょう》、毎日普請にまかり出でそうろう」（『古文書纂』）とあるように、洛中（上京・下京）の町人たちが動員され、「普請」されたという。今回の処刑が、周到に計画されたものだったことが知られよう。

その「塚」には、「畜生、つまり裏切者の祠」と彫られた「墓碑」が建てられたことも読みとれるが、塚自体は、「十丈四方の廟所を築き、塔を建て置かれける」（『秀次公縁起』『関白草紙』）と伝えられているので、一〇丈（約三〇メートル）四方におよぶ巨大なものだったことがわかる。

実際、江戸時代前期の京都の風景を描いた、いくつかの洛中洛外図屏風にもこの「塚」は描かれており、そのすがたは、方形で二層のピラミッドのような巨大な墳墓とそのうえに小さな祠が建てられたものだったことがみてとれる。

また、江戸時代前期の貞享三年（一六八六）に刊行された京都の地誌『雍州府志《ようしゅうふし》』に

図20　『洛中洛外図屏風』に描かれた秀次一族の塚（堺市博物館所蔵）

よれば、「畜生塚と称」されたこの塚は、そのころ、秀次の母「瑞《ずい》龍《りゅう》寺《じ》尼公の創建」した「瑞泉寺」内にあったと伝えられている。

いずれにしても、文禄四年八月以降、これまでにも数々のみせしめの場としてつかわれてきた三条河原には、巨大な「塚」が出現するとともに、それによってまた、「だれもみんなこれをいましめととって、太閤はこれまでよりはるかに怖れられることになった」（『日本王国記』）ことだけはまちがいないところといえよう。

秀次事件

それにしても、なぜここまでむごたらしい仕打ちを秀次の女房衆やその子どもたちはうけなければならなかったのであろうか。もちろんそれは、秀次が切腹に追いこまれた、いわゆる秀次事件にかかわるものであったからというのがその理由となる。

もっとも、残された史料によるかぎり、事件そのものも突然に動き出したという感がいなめない。たとえば、『兼見卿記』をながめてみても、七月七日に「殿下御別心の雑説《ぞうせつ》により、太閤もってのほか御腹立ち」（秀次が裏切ったとのうわさが流れたために、秀吉が大いに怒っている）という記事がみえ、翌八日には、その「雑説」について「御理《ことわり》」（事情説明）をすべく、秀次が「伏見」に出向いたとの情報が伝えられたかと思うまもなく、翌九日には、「昨夜」のうちに秀次が「御元結《もとゆい》を切」り、出家して「高野」山に「御住居」することが決したと記されているからである。

『言経卿記』七月八日条が伝えるように、「関白殿と太閤とさる三日より御不和」というのがもし事実であるとするならば、七月に入って急速に事態は悪化したのかもしれないが、しかしながら、秀次の「別心」（裏切り）が、事実であったのかどうかをたしかめるすべはない。

そのいっぽうで、秀吉が秀次の存在を「御謀反」と決めつけていたことは、いずれの史料をみても動かしようがなく、したがって、秀次女房衆らの身に不幸がおとずれるであろうことは時間の問題だったといえよう。

それを暗示するかのように、秀次切腹の翌一六日に「山崎」において腹を切った秀次家臣の「木村常陸介《ひたちのすけ》」（重茲《しげこれ》。『言経卿記』同日条）の「息、十六才」が、二二日に「法花堂において切腹」（『兼見卿記』同日条）、それから四日後の二六日には、「木村常陸守（介）女房・同息女」が「三条河原において成敗」され、切腹した「嫡男十六才」と「女房」が「梟首《きょうしゅ》」（さらし首）されただけでなく、「女子十三才」も「ハツケ」（磔《はりつけ》）にかけられたということが知られている。

　もっとも、この木村常陸介の女房らと秀次女房衆らの処刑とのあいだには、大きな違いもみられた。というのも、秀次女房衆らは、車に乗せられ、洛中を渡されたうえで三条河原で処刑されたからである。

　具体的には、「一条より京の町々を引きまわし、三条の河原」（『上宮寺文書』）とあり、一条通りと室町通りが交差する一条の辻を出発点に「もろ町」（室町通り。『秀次公縁起』）を南下して、三条河原へとむかったことがわかる。

　この道筋は、これより先、織田信長を裏切ったことで知られる松永久通《まつながひさみち》や荒木村重《あらきむらしげ》の一族が車に乗せられ、洛中を渡されたときとその終着点が三条河原であるという点をのぞけば、まったく同じである（『信長公記《しんちょうこうき》』ほか）。

　ここからも、秀吉が、女房衆らのあつかいかたをとおして、秀次が裏切りものであったことを人びとに広く知らしめようとしていたことがあきらかとなろう。

失われた聚楽第

このようにして、「不穏な京の町」の章でみた、京都をとりまく政情不安は、これまでにも多くの血がながされてきた三条河原において、最悪ともいうべき結末をむかえたことがわかる。

また、それに先だって、秀次が高野山へ移り、「一味の衆」について「御糺明《きゅうめい》」がおこなわれるとのうわさがながれたさいには、「諸大名恐怖」（『兼見卿記』七月九日条）したとの情報も伝わっている。

粛正の嵐が吹き荒れるのではないかと予感されていたことがうかがえるが、ただ、残された史料によるかぎり、伊達政宗《だてまさむね》や浅野幸長《あさのよしなが》ら一部の大名には嫌疑がかけられたものの、ほどなくゆるされており〔藤田二〇〇三〕、思ったほどの事態にはいたらなかったようである。

それと同じように、秀次家臣のうち、秀吉によって秀次につけられた堀尾吉晴《ほりおよしはる》ら大名クラスの宿老《しゅくろう》たちにもほとんど影響はなかった。それに対して、「御弓衆《おゆみしゅう》」など直臣《じきしん》ともいうべき家臣たちの「去就はほとんど不明」とされている〔藤田二〇〇三〕。

実際、秀次が切腹する直前には、「小姓《こしょう》三人」が「切腹」したと伝えられており（『兼見卿記』七月一六日条）、直臣や近臣には少なからざる影響がおよんだことであろう。

ただし、秀次の側近で、『駒井日記』を残したことでも知られる駒井重勝《こまいしげかつ》などは、事件直後に秀吉につかえており、直臣や近臣の「多くは秀吉家臣団へ吸収されるか縁辺を頼って分散していった」〔藤田二〇〇三〕可能性もまた否定できない。

これらのことを考えあわせるならば、秀次事件とは、要するに、秀次とその家族が滅亡に追いこまれたできごとであったと判断せざるをえないであろう。秀次女房衆らが処刑されたその日、八月二日が、これより三年前に淀殿《よどどの》が御拾《おひろい》をうんだ日の前日にほかならなかったことは、そのことをなにより暗示しているように思える。

もっとも、それが単なる偶然だったのかどうかという点についてはさだかではないが、このようにして主とその家族を失った聚楽第《じゅらくだい》がそのままというわけにはいかなかったことは、つぎの史料（『一五九五年度年報補遺』）からもあきらかとなろう。

この城は太閤様自身が巨額の金を投じて先に造営したものであった。しかし太閤様は、この城の周囲を取り巻いていた町〔そこには三百戸あまりのたいへん著名な屋敷だけがあり、ほかの家はほとんどなかった〕とともに、この城を崩壊させてしまおうとのぞんだ。そして太閤様は、もはや損失とか出費については何ら考慮せず、これらの屋敷を全部伏見に運搬させ、それとともに関白殿のすべての黄金、その他の財宝を、残らず運び去らせてしまった。

右の記事に対応する日本側の史料が、『当代記』にみえる「聚楽城ならびに諸侍の家門《かもん》、伏見へ引き移さる」となろうが、ここで注意しておく必要があるのは、これらからもあきらかなように、このとき、秀吉がおこなったこととは、単に聚楽第を破却しただけではなく、その周辺にあった大名屋敷もすべて伏見へと移動させたという点であろう。

この時期、御拾もまた、大坂城より伏見に移っていたことが知られており〔藤井編二〇一一〕、秀吉と御拾のもと、ふたたび諸大名が統合されたすがたを世間に示そうとしていたことが、ここからはうかがえるからである。

そのいっぽうで、聚楽第のほうも、けっして更地になったわけではないことには注意が必要である。すでにあきらかにされているように、江戸時代前期においてもなお、聚楽の地名と本丸・北之丸・西之丸・南二之丸といった曲輪《くるわ》や堀が残されていたことが、いくつかの絵画史料によって確認できるからである〔杉森二〇〇八〕。

また、文禄五年（一五九六）五月に御拾がはじめて参内《さんだい》するにあたっては、「伏見より聚楽にいたる、そのあいだ三里か、ことごとく辻堅《つじがた》め」（『義演准后日記《ぎえんじゅごうにっき》』五月九日条）がなされており、聚楽第がなお重要な場所としてあつかわれていたことが知られる。

もっとも、そうはいっても、建物などは残されておらず、また、城郭としての機能も失われていたと考えられるので、やはり「近世都市化」した京都は、その中心を失うという、奇妙かつ不安定な状況におかれたことはまちがいないであろう。そして、そのような京都や伏見を、今度は信じがたいできごとの数々がおそうことになるのである。

降砂

醍醐寺《だいごじ》三宝院門跡《さんぼういんもんぜき》の義演が記した『義演准后日記』文禄五年六月二七日条には、つぎのようなできごとがあったと書きとめられている。

晴れ、午の半刻より、たとえば土器《かわらけ》の粉のごとくなるもの、天より降り、草木の葉にあい積もりて、かつてもって消えず、大地ただ霜の朝のごとし、不可思議なる恠異《かいい》、ただごとにあらず、四方曇りて雨の降るがごとし、

旧暦の六月二七日といえば、京都では祇園会《ぎおんえ》（祇園祭）がおこなわれて一〇日ほどたったころにあたる。つまり、暑さも日増しに強まっていくころとなるわけだが、そのような夏の日、朝方は「晴れ」ていたのに、「午の半刻」（午前一二時ころ）、突然、「天より」「土器の粉」のようなものが降り、またたくまに一面は「霜の朝」のようになってしまったという。

その降りかたは、「四方曇りて雨の降るがごとし」というから、人びとをおそれさせるのには十分なできごとだったにちがいない。実際、これと同じできごとについては、『舜《しゅん》旧記《きゅうき》』や『孝亮宿禰記《たかすけすくねき》』など、いくつかの日記からも読みとることができる。

義演は、日記の翌日条（二八日条）に「昨日、空より降砂、今に消えず」と書いているが、翌々日条（二九日条）にも、そのようすをつぎのように伝えている。

彼の砂、今日の風に吹き散らし、ほこり是非なし、是非なし、しかりといえども、なお草木の葉にあい残りて白砂なり、

一面、「霜の朝」のようになってから二日後、「砂」（「白砂」）は「風に吹き散ら」され、今度は「ほこり」だらけになったばかりか、「草木の葉」についた「白砂」は、簡単にはとれなかったという。天から砂が降ってくるだけでも異常現象といえるが、それがなかなか消え去らないことで、人びとの不安もいやましになったことであろう。

ちなみに、当時、来日していたイエズス会宣教師も、今回のできごとについてつぎのように書き残している（『一五九六年度年報補遺』）。

降　毛

この日一日中、都とその近辺の地において、また伏見においてさえも細かな灰が多量に降り、それによって屋根や山々や木々があたかも雪のように覆われたことである。その日一日中、空は非常に暗くなり、そのため多くの人びとは頭痛に苦しみ、たいていの人びとの心が悲しみと憂うつにおそわれた。

ここでは、「砂」ではなく、「灰」とされているが、先の『義演准后日記』とほぼ同じ内容のできごとが記されていることはあきらかといえる。それだけでも十分興味深いことといえるが、じつは、右の史料が注目されるのは、このあとすぐにつぎのようなできごともおこったと伝えている点にある。

先の降灰につづいて、まもなく白くて長い毛髪の大量の雨が降ったことで、それは老婆の毛髪と何らかわっていないように思われた。ただそれよりもっとやわらかであったのを別にして。またそれを火になげ入れても、本物で自然の（毛髪の）ようにいやなにおいを発することはなかった。この降雨は都では正午までつづいた。（中略）このようなことははじめての異常なことであったので、みなに少なからぬ驚異をあたえ、また大いなる恐怖さえもたらした。

今度は、「砂」や「灰」ではなく、「老婆の毛髪と何らかわっていないよう」な「白くて長い毛髪の大量の雨が」、「都では正午まで」降りつづいたという。

もっとも、その「毛髪」は、「火になげ入れても、本物で自然の（毛髪の）ようにいやなにおいを発することはなかった」というから、本物の毛ではなかったようだが、それでも、「このようなことははじめての異常なことであったので、みなに少なからぬ驚異をあたえ、また大いなる恐怖」をあたえるのに十分なできごとであったといえよう。

一見しただけでは、にわかには信じがたいできごとといわざるをえないが、この降毛については、じつは日本側の史料でも確認することができる。たとえば、先にみた『義演准后日記』にもつぎのように記されている。

天より毛降る、馬の尾に似る、あるいは、一、二尺、あるいは、五、六寸ばかりなり、

色は白黒、また赤色なり、京都・醍醐同前に降る、

先のイエズス会の『一五九六年度年報補遺』では、日付がさだかではなかったが、右の記事は、文禄五年閏七月一四日条に記されている。したがって、降毛は、先の降砂からおよそ一ヵ月半後におこったことがあきらかとなろう。

しかも、『義演准后日記』の記事のほうが、降ってきた「毛」についてはくわしく、それによれば、毛は、「馬の尾」に似た、長さが「五、六寸」（約一五〜一八センチ）から「一、二尺」（約三〇〜六〇センチ）におよぶもので、色も「白黒」や「赤色」であったという。

「京都・醍醐同前に降る」とみえるので、先の降砂と同様、かなりの範囲にわたってみられたことがわかるが、それを裏づけるように、下級官人であった小槻孝亮《おづきのたかすけ》もその日記『孝亮宿禰記』閏七月一五日条につぎのように記している。

八時分《やつじぶん》ほど、毛降る、その尺《たけ》、一尺、あるいは、四、五寸ばかり、色白黒青毛あい交じるなり、白髪より弱きなり、

「毛」の長さや色については、おおよそ『義演准后日記』と同じだが、毛が降り出した時刻について、「八時分ほど」（午前二時ころ）と記している点が注目されよう。このころの感覚としては、夜明け前までが前日であり、したがって、降毛は、夜明け前からはじまり、その日の「正午まで」つづいたことがあきらかとなろう。

このように、わずか二ヵ月のあいだに天から砂が降り、毛が降るといったできごとを目のあたりにして、人びとがえもいわれぬ不安と恐怖につつまれたであろうことは、想像にかたくない。実際、降砂のことを記した『義演准后日記』文禄五年六月二七日条にも、「不可思議なる恠異、ただごとにあらず」という一文がみえる。

「恠異」と秀吉政権

ここで注目されるのは、「恠異」ということばがつかわれている点であろう。というのも、古代から中世にかけて、「社会不安の象徴として扱われている不気味なこと・不思議なこと」は、ときに「恠異」と理解されたことが知られており〔高谷二〇〇九〕、それはまた、単に不気味なこと、不思議なことというだけではなく、「国家や王権はそうした怪異への対処、すなわち不可視の危機管理を通して逆説的に王権の正当性を主張し」たと考えられているからである〔西山二〇〇三〕。

逆からいえば、そのような「恠異」に対処できなければ、「国家や王権」は、その「正当性」をあやぶまれることになったわけだが、ただし、中世から近世へと時代が移行しつつあったこのころには、右のような理解もまた、大きく変化を余儀なくされていたと考えられる。

もっとも、『義演准后日記』文禄五年八月朔日《ついたち》条につづられた、つぎのような記事を目のあたりにしたとき、秀吉側近ともいえる義演の周辺では、この時期においてもなお、「恠異」についての解釈がこころみられていたことがあきらかとなる。

さる六月廿七日、天より沙《すな》降る、また去月十四日の夜、白毛あるいは黒毛降る、まことに百姓の労苦このときなり、地検をせられ、あまつさえ昼夜普請に責めつかわれ、片時も安んずることなきなり、よって土を雨《ふら》すは余儀なきか、ついで去年関白秀次謀叛、誅《ちゅう》せられ、今年数万人をもって、伏見山を開く、衆人群集す、まことに毛を雨すゆえなり、

今年の六月二七日に天から「沙」（砂）が降り、また、先月の閏七月一四日の夜にも、「白毛」や「黒毛」が降ってきたが、これらは、「百姓」（人民）の「労苦」をあらわすものである。なぜなら、この間、「百姓」は「地検」（太閤検地《たいこうけんち》）によって増税をしいられたうえ、昼夜となく「普請」にこきつかわれ、片時もこころ休まることがなかったからだ。天が「土」（砂）を降らすのも無理からぬことであろう。

それればかりではない。去年には秀次事件がおこり、悲惨な結末におわったのもつかのま、今年には、伏見城を再建するため、「数万人」でもって「伏見山」（木幡山《こはたやま》）を開かせている。天が「沙」だけではなく、「毛」も降らせたのはこのためだろう、と。

じつは、これは義演自身の解釈ではなく、「東福寺僧」による『太平御覧《たいへいぎょらん》』や『隋書《ずいしょ》』

など漢籍を「撰出」しての解釈だったが、もっとも、このあとに「書物と符合、奇特奇特」と書き残しているところからみれば、義演の考えとも「符合」するものだったのだろう。

ちなみに、義演が、右のような解釈をわざわざ日記に書きとめたのは、秀吉や朝廷などから「恠異」への対処の一環として祈禱要請がなされる可能性があったためである。ただ、そのことを考慮に入れたとしてもなお、右の解釈というのは、秀吉とその政権に対する痛烈な批判といわざるをえない。

義演のような、秀吉側近の僧侶にして、このような理解をしていたのだとすれば、それ以外は、推して知るべしというのが大勢だったのではないかと考えられるが、もっとも、そのいっぽうで、『当代記』には、今回の降毛にかかわって、つぎのような記事も見いだせる点には注意が必要である。

前の七月のごとく浅間《あさま》焼け上がり、西の方へ焔《ほむら》ころぶ、このゆえか、近江・京・伏見そのころ、灰細々《さいさい》降る、そのゆえにや秋毛《あきげ》少々凶とうんぬん、

これによれば、七月に信濃国（現在の長野県）の「浅間」山が噴火し、「西の方へ」と炎があがったため、「近江・京・伏見」では、「灰」が降り、秋の「毛」（作毛《さくもう》＝収穫物）も「少々」「凶」（不作）であったという。

ここからは、『当代記』を記した人物が、今回の降毛の原因を浅間山の噴火にもとめていたことがあきらかとなる。つまり、科学的な解釈も、いっぽうではおこなわれていたことがわかるわけだが、もっとも、この時期、どちらの解釈が一般的であったのかという点についてはさだかではない。ただ、残された史料によるかぎりでは、両方の解釈がならびたっていたとみるのが自然であろう。

このように、中世から近世にかけて、人びとの意識もまた、移り変わりつつあったことがうかがえるが、じつは、ここでみた降砂と降毛とのあいだには、これらをうわまわる大きなできごとがおこっていた。それがすなわち、文禄の大地震にほかならなかったのである〔西山一九九四・一九九五、三枝二〇一三〕。

大地震

深夜の大地震

文禄五年（一五九六）閏七月十二日から十三日にかけての深夜、「マグニチュード七・五以上でマグニチュード八近い」大地震が京都をおそった〔寒川二〇一〇〕。そのことを伝える史料は数多く残されているが、まずは、『義演准后《ぎえんじゅごう》日記《にっき》』七月一三日条からみていくことにしよう。

> 今夜丑《うし》の刻、大地震、禁中《きんちゅう》御車寄《くるまよせ》その廊顛倒《てんとう》す、南庭《なんてい》上に御座を敷き、主上（後陽成天皇）行幸すとうんぬん、京都在家顛倒す、死人その数知れず、

右の記事は、このとき醍醐《だいご》寺にいたと考えられる義演のもとにとどいた一報である。醍醐寺のある醍醐の地もかなり揺れたのではないかと思われるが、義演は、そのことにはふれず、まずは、天皇が住まう「禁中」（内裏《だいり》）の被害と、「主上《しゅじょう》」（後陽成《ごようぜい》天皇）が「南

庭」に「御座」を移して、無事に避難したということを記している。

　これは、ほかの公家たちの日記でも共通しており、公家社会においては、まず最初に天皇の無事とそのようすが速報としてかけめぐったことがうかがえよう。

　また、義演は、「京都」で「在家」(家々)が「顚倒」(倒れ)、多くの「死人」が出たとも記しているが、このとき、洛中にいた山科言経《やましなときつね》の日記『言経卿記』閏七月十三日条によれば、「上京《かみぎょう》は少し損ないおわんぬ、下京《しもぎょう》は四条町、ことのほかあい損ないおわんぬ、以上三百八十余人死ぬなり」とみえ、上京よりも下京の被害のほうが大きかったと伝えている。

　実際、『当代記』でも、「上京は苦しからず」とみえ、また、上京にほど近かった「禁中」の被害は、『言経卿記』によれば、「少々あい損なう」程度だったことが知られよう。

　いっぽう、上京や下京といった市街地をのぞいた地域では、ばらつきがみられるものの、おおよそでいえば、西部や南部で大きな被害が出たらしい。たとえば、プロローグでもみた『舜旧記《しゅんきゅうき》』同日条に、「北野経堂《きょうどう》・東寺《とうじ》金堂以下(食カ)倒る」と記され、また、『孝亮宿禰記』同日条でも、「北野経堂・壬生《みぶ》地蔵堂、そのほか民屋方々顚倒せしむ、あるいは死人ら多し」と記されているからである。

　そのようななか、大きな被害をうけたことがわかるのが、京都の南方に位置する東寺

（教王護国寺《きょうおうごこくじ》）である。『義演准后日記』七月一二日条によれば、「塔婆《とうば》・鎮守八幡宮・御《み》影堂《えいどう》・同四足《しそく》門・同唐門・灌頂《かんじょう》院の門二宇・慶賀門・宝蔵ならびに不開門《あかず》」などは「顛倒」しなかったいっぽうで、「食堂・同中門・講堂・灌頂院・南大門・北八足門・東小門・鐘楼《しょうろう》」が「顛倒」し、「四方の築地《ついじ》ことごとく崩れ」てしまったことがあきらかとなるからである。

諸寺院の被害

このように東寺の被害がくわしくわかるのは、『義演准后日記』を記した義演が、東寺を管轄する東寺長者《ちょうじゃ》でもあったからだが、この東寺以外で大きな被害をうけたことがわかる寺院としては、つぎのようなものがあげられる。

「大仏」「本尊」「築地」（『舜旧記』閏七月一二日条、『義演准后日記』閏七月一三日条、『言経卿記』同日条、『兼見卿記《かねみきょうき》』同日条、『文禄大地震記』『当代記』）
「愛護（愛宕山）」「一山坊舎」（『義演准后日記』閏七月一七日条、『兼見卿記』同日条、『文禄大地震記』、『一五九六年度年報補遺』）
「嵯峨法輪寺《ほうりんじ》」「堂」（『義演准后日記』閏七月一七日条）
「天龍寺」（『文禄大地震記』）
「嵯峨二尊院」（『文禄大地震記』）
「大覚寺門跡」「御殿以下」（『文禄大地震記』）

「因幡堂《いなばどう》」「過半倒れる」（『文禄大地震記』）

「門跡御堂」（本願寺御堂）（『言経卿記』閏七月一三日条、『兼見卿記』同日条）

「興門御堂」（興正寺《こうしょうじ》御堂）（『言経卿記』閏七月一三日条、『兼見卿記』同日条）

いっぽう、「無為《むい》」（無事）だったものとしては、以下のような寺院の名を見い出すことができる。

「大仏」「堂」（大仏殿）（『義演准后日記』閏七月一三日条、『言経卿記』同日条、『文禄大地震記』『当代記』）

「東福寺」「ただし二（仁）王門顛倒」（『文禄大地震記』、『言経卿記』閏七月一三日条）

「泉涌寺」（『文禄大地震記』）

「卅三間堂《さんじゅうさんげんどう》」（三十三間堂）（『文禄大地震記』、『言経卿記』閏七月一三日条）

「清水寺」「ただし廻廊谷へ倒れる」（『文禄大地震記』、『舜旧記』閏七月一七日条）

「六角堂《ろっかくどう》」（『文禄大地震記』）

「比叡山」（『義演准后日記』閏七月一七日条）

ちなみに、義演がしたためた『文禄大地震記』によれば、「京都浄土寺、法花寺《ほっけじ》、ことごとく瓦葺《かわらぶ》き分顛倒」とみえ、「浄土寺」（浄土宗寺院か）や「法花寺」（法華宗・日蓮宗寺院か）のうち、「瓦葺き」の建物が顛倒したという。

図21　大仏殿（『洛中洛外図屛風』堺市博物館所蔵）

たしかに地震直後、瓦葺きであったため建物が倒れたという一種の流言については、同じく『文禄大地震記』にみえる、つぎのような記事からもうかがうことができる。

　伝え聞く、禁裏《きんり》御対屋《たいのや》ならびに女御《にょうご》御座殿ならびに御台所《みだいどころ》以下の瓦、ことごとく下《お》ろすとうんぬん、今度地震に顚倒、瓦葺きのゆえとうんぬん、

これによれば、「今度地震に顚倒」したのは、「瓦葺きのゆえ」とうわさされたため、天皇が住まう「禁裏」（内裏）の「御対屋」や「女御御座殿」「御台所」などの瓦も下ろされたという。

瓦葺きか、そうでないかの違いが、実際にどのように影響したのかまではわからない。ただ、古記録をもとに作成した余震状況を一覧にした表4をみてもあきらかなように、かなりの期間にわた

って余震はつづいている。

そのため、天皇だけではなく、多くの人びとが屋外で過ごさざるをえなかったことは、「京中男女にいたるまでことごとく外に寝おわんぬ」（『舜旧記』閏七月一三日条）、「諸人安堵ならず、家を去りて道路に臥《ふ》す」（『義演准后日記』閏七月一四日条）、「諸人家内に居れず、夜は道路に臥す」（同、閏七月一六日条）といった記事からもあきらかとなろう。

伏見城の被害

こうしたなか、今回の地震でもっとも大きな被害をうけたのは、プロローグでもふれたように、伏見城（指月《しげつ》城）とその城下町であった〔高橋二〇一五〕。そのようすについては、たとえば、『義演准后日記』閏七月一三日条に、つぎのようにみることができる。

伏見のこと、御城御門・殿以下大破、あるいは顛倒す、大殿守（天主）ことごとく崩れて倒れおわんぬ、男女御番衆《ごばんしゅう》数多《あまた》死に、いまだその数知れず、そのほか諸大名の屋形《やかた》、あるいは顛倒、あるいはあい残るといえども、かたちばかりなり、そのほか在家のていたらく、前代未聞、大山も崩れ、大路も破裂す、ただごとにあらず、

右によれば、伏見城の「御門」や「殿」（御殿）だけではなく、このころの城郭のシンボルとされていた「大殿守」（大天主閣・大天守閣）までが崩れさってしまったことがあきらかとなる。

表4　文禄地震余震の記録（文禄五年・慶長元年末まで）

月	日	義演准后日記	言経卿記	孝亮宿禰記
閏七月	一二日			今夜亥の刻ばかり大地震これあり
	一三日	今夜丑の刻大地震	去る夜子の刻大地震	今夜また地震
	一四日	地震いまだ休まず	地震昼夜度々におよぶ	地震なお休まず
	一五日	地震今夜もってのほかなり、暫時も休まず	小地動昼夜度々におよぶ	今夕地震なお休まず
	一六日	地震静かならず、昨日よりもなお動す	小動昼夜度々におよぶ	地震もってのほかなり
	一七日	地震なお動す	地震少々昼夜度々におよぶ、減増あり	なお地震あり
	一八日	地震度々なり	小動	今夜大地震あり
	一九日	地震休まず	小地動	
	二〇日	地震両度もってのほか動、そのほかはいささかゆるなり	小地動	地震これあり
	二一日	地震去る十三日より今日にいたり休まず	小地動、増減さだまらず	地震今に静かならず
	二二日	地震なお動す	小動	地震いまだ休まず
	二三日	地震今夜両度もってのほか動す	小動	今夜また大地震あり
	二四日	地震同前	小動	
	二五日	地震動おわんぬ	小地動	地震これあり
	二六日	地震未の刻もってのほか動、そのほか少動度々なり	小動	大地震これあり
	二七日	地震また動す	小動	
	二八日	地震もってのほか動揺しおわんぬ	小動	地震あり
	二九日	地震今日はいささかゆるきなり	小動	地震あり
八月	一日	地震動す	小動	
	二日	地震休まず	小動少しづつ	
	三日	地震今日は少し動す	小動	地震あり
	四日	地震今夜またことのほか動す	小動	地震あり

五日	地震もってのほかなり	小動	地震あり
六日		小動	
七日	地震一度動す	地動	なお地震これあり
八日		小動、少々	地震
九日	地震大都静か、ただし、いささか動す	小動	地震あり
一〇日	未の尅地震もってのほか動す、去月以来ついにもって休まず	地動、二度ちとつよし、それ已後少々	大地震二度これあり
一二日	地震動す	小動	小地震あり
一三日	地震いささかゆるなり	小動	小地震あり
一四日		小動	地震これあり
一五日		小動	地震これあり
一六日	地震休まず	小動	地震両度
一七日	地震同前	小動	
一八日	戌の刻地震もつてのほかなり	小動	地震あり
一九日		小動	
二〇日		小動	地震あり
二二日			地震あり
二三日	地震両三度動す、今日はもってのほかなり	小動	地震あり
二四日	地震夜前動す	小動	地震
二五日		小動	
二六日		小動	
二七日	地震丑の刻動す	小動	
二八日		小動	
二九日		小動	
三〇日	地震動揺	小動	地震あり
九月一日		小動	

	二日		小動	
	三日		小動	
	四日		小動	
	五日		小動	
	六日		小動	地震これあり
	七日		小動	地震あり
	八日		小動	地震あり
	九日		小動	
	一〇日		小動	
	一一日		小動	地震あり
	一二日	地震動す、先度よりおよそ休まず	小動	小地震あり
	一四日		小動	地震あり
	一五日		小動	
	一七日		小動	
	一八日		小動	
	一九日		小動	
	二〇日	地震動す	小動	地震あり
	二一日		小動	地震あり
	二二日		小動	
	二四日		夜小動	小地震二度あり
	二五日		暁小動	朝昼小地震あり
	二六日	午尅地震、およそ先度以来休まず	小動、昼夜一度づつ	
	二七日		小動	地震あり
一〇月	一日		早暁小動	
	二日		早朝小動	今朝地震あり

三日		小動	
四日		小動	地震
五日		小動	地震三度
六日		小動	未終刻地震あり
七日			地震これあり
八日		小動	地震あり
九日		小動	
一〇日		小動	
一一日		小動	
一二日		小動	
一三日		小動	
一四日	地震またこのころ動す	小動	
一五日		小動	地震あり
一六日	地震小動	小動	小地震あり
一七日		小動	今夜地震あり
一八日		小動	
一九日		小動	小地震これあり
二〇日		小動	地震あり
二一日		小動	
二二日		小動	
二三日		小動	小地震これあり
二四日		地動	
二五日		小動	地震これあり
二六日		小動	
二七日	地震動す、もってのほかなり〈慶長改元〉	地動	大地震これあり

	二九日		小動	
	三〇日		小動	
一一月	一日		小動	
	二日		小動	
	四日		小動	
	六日		小動	
	八日		小動	
	一一日		小動	
	一三日		小動	地震三度これあり
	一四日		今暁小動	小地震あり
	一八日			地震あり
	一九日		小動毎日なり	地震あり
	二〇日	今夜地震もってのほかなり	小動	地震あり、夜に入り三度
	二一日		今暁地動	地震
	二二日	地震もってのほかなり	小動	
	二三日		小動	
	二七日	地震もってのほかなり	早暁小動	地震あり
一二月	五日		小動	
	一〇日		夜小動	地震もってのほかなり
	一一日		小動	
	一六日		夜地動	
	二一日		小動	
	二四日		夜地震	亥の刻ばかり大地震あり
	二五日	亥刻地震もってのほかなり		

この大天主崩壊については、『言経卿記』同日条にも「テンシュ(天主・天守)崩れ」、また、『兼見卿記』同日条にも「天主・矢倉ことごとく顛倒」とみえるから、洛中へも大きな衝撃として伝わったのだろう。

また、それとともに、「諸大名の屋形」が「顛倒」してしまったことも、同じように、『言経卿記』に「大名衆家どもことのほか崩れ」、また、『兼見卿記』に「諸大名主殿《しゅでん》など多分顛倒」、さらには、『孝亮宿禰記《たかすけすくねき》』閏七月一八日条に「武家衆家ども多く顛倒」とみえることからあきらかとなる。秀吉と御拾《おひろい》のもとに再統合された諸大名の「屋形」もまた、地震の直撃をうけ、壊滅的な被害をこうむったことが知られよう。

大名屋敷と城下町の被害

そのような被害をうけた「諸大名の屋形」のうち、たとえば、徳川家康屋敷とその子秀忠屋敷のようすについては、『言経卿記』閏七月一三日条がつぎのように伝えている。

江戸内府(徳川家康)には長倉崩れおわんぬ、加々爪《かがづめ》隼人祐(政尚)死去しおわんぬ、雑人《ぞうにん》は十余人あい果てておわんぬ、同中納言殿(徳川秀忠)には侍どもは怪我どもこれあり、死者これなし、ただし、雑人は六、七十人死ぬなり、

「江戸内府」こと、徳川家康の屋敷では、「長倉」(『慶長記』によれば、「二階の長屋」)が崩れ、家臣の「加々爪隼人祐《はやとのすけ》」が亡くなり、ほかに「雑人」(下人)も「十余人」死んだ

という。また、「中納言」（『公卿補任《くぎょうぶにん》』）によれば、前権中納言）こと、徳川秀忠の屋敷では、けが人は出たものの、「侍ども」に「死者」はなく、「雑人」が「六、七十人」死んだことがわかる。

史料によるかぎり、だいたいにおいては、雑人や下人といった身分の低いものたちの犠牲者が多かったらしく、たとえば、「徳善院《とくぜんいん》」こと、前田玄以《まえだげんい》の屋敷でも「殿以下ことごとく大破」し、「下人少々打たれて死」んだと『文禄大地震記』は伝えている。

そのようななか、「不均衡な経済政策」の章でも登場した、豊臣秀長《ひでなが》（羽柴秀長）の重臣だった「一庵法印《いちあんほういん》」が、「門・矢蔵顛倒して材木に打たれて死去」（『文禄大地震記』）したのはめずらしいほうだったのかもしれない。それを裏づけるように、『慶長記』には、「歴々は一庵と加々爪と二人なり」とあり、だれもがその名を知るような「歴々」の死者というのは、少なかったと考えられるからである。

ちなみに、このとき、「一庵法印」は、「御城番衆《おしろばん》」（『文禄大地震記』）として伏見城にあったが、このように城内の被害のほうがよりはげしかったことは、先の『義演准后日記』に「男女御番衆数多死に」という記事からも読みとることができる。

実際、諸記録からも、「女中下々数人死去せしむ」（『兼見卿記』閏七月一三日条）、「伏見二丸の女房三百人あまり地震により命を失う」（『孝亮宿禰記』同日条）、「伏見城中にて、女﨟《じょろう》七十三人、中居下女まで五百人死す、一の門三門の番衆、門崩れてことごとく死す」（『一五九六年度年報補遺』）、「七十名の侍女や高貴さで有名な幾人かの婦人たちを押しつぶした」（『当代記』）といった記事が見い出され、城内では、男だけではなく、女たちの犠牲も多数にのぼったことが知られよう。

そのうえ、城下町の被害については、「在家のていたらく、前代未聞、大山も崩れ、大路も破裂す」と、先の『義演准后日記』にはみえ、また、『言経卿記』閏七月一三日条にも「町々衆家崩れるのあいだ、死人千にあまり」とあることから考えて、甚大だったことはまちがいない。

したがって、イエズス会の『一五九六年度年報補遺』が伝える、つぎのような記事もけっしておおげさなものではなかったであろう。

非常に多数の死亡者が出たため、彼らの習慣にしたがって屍体《したい》を火葬することができず、水葬にしてしまうか、または市に近い谷間へ投棄せざるをえなかったが、その谷間は屍体でいっぱいになり、山のような様相を呈したほどである。最後に、人のいうところによれば、伏見では二千人が行方不明になった。

伏見城内の秀吉と御拾

このように、今回の大地震では、伏見城とその城下町がもっともはげしく被害をうけたことがわかるわけだが、それでは、このとき、伏見城内にいた秀吉と御拾はどのようにしていたのだろうか。この点については、『文禄大地震記』にみえる、つぎの記事がもっともわかりやすいものとなろう。

> 太閤御所(豊臣秀吉)ならびに若公(御拾)無為、珍重珍重、(中略)今日は庭上に仮屋《かりや》を構えられ御渡りとうんぬん、

これによれば、秀吉も御拾も、無事であったものの、天皇と同じように、「庭上」に「仮屋」を構えて避難したことがわかる。また、閏七月一九日付けで加藤清正《かとうきよまさ》が送った書状(『大阪城天守閣所蔵文書』)にも、「太閤様・御拾様・政所《まんどころ》様、いずれも御上《おかみ》の衆なにごともなくそうろう」とみえるので、無事であったことはまちがいない。

それでは、秀吉らはどのようにして「庭上」へと避難したのだろうか。この点については、イエズス会宣教師による『一五九六年度年報補遺』が伝える、つぎのような記事が参考となろう。

> 城閣のなかでは、太閤が奥方と息子とともに住まっていた、大坂のそれに似た千畳敷の宮殿しか残らなかった。(太閤)はそこから急いで逃げ出してどの方面からも安全な厨房へ逃げてから、飲み水を少し欲しがり、逃げおおせたことを非常によろこんだ。

右にみえる「千畳敷の宮殿」が、城内のどこにあったのかということまではわからない。ただ、『当代記』には、「太閤、中の丸に御座、御身につつがなし」とみえるので、あるいは、「中の丸」にあったのかもしれない。

また、「飲み水を少し欲しがり、逃げおおせたことを非常によろこんだ」のかどうかもたしかめようがないが、これからしばらくして、秀吉が、つぎのような行動をとったと、同じく『一五九六年度年報補遺』が伝えている点は注目されよう。

太閤は翌日の早朝に（中略）城郭とは反対側の非常に枝を広げた松が立っていた山のほうへ行き、今までのすべての工事を中止して、そこに別な城郭を造営するために、その場所を地ならしするよう命じた。

すなわち、地震直後にもかかわらず、秀吉は、大破した伏見城を指月山から別の山へと移し、再建しようとしたというのである。にわかには信じがたいことといわざるをえないが、ただ、これについては、日本側の史料でも確認することができる。たとえば、『当代記』には、「木幡山《こわたやま》を本丸に取り立てらるべきにて、七月十五日に事始《ことはじ》めあり」とみえるからである。

もっとも、『義演准后日記』閏七月一四日条によれば、当初は、「川中」の「伏見向野（島カ）」に「去る春より大御普請御城」、いわゆる向島《むかいじま》城が、「大地震に石蔵二間《けん》余り」沈みこん

図22　伏見城（『洛中洛外図屛風』堺市博物館所蔵）

でしまったために、それを「今日伏見山に御縄張《なわば》り」しようとしたものだったようである〔桜井一九七一、山田二〇〇一、瀬田二〇〇六〕。

それが、どのようないきさつでそうなったのかまではわからないが、「小幡到下《（木幡峠）》へ御城をあい移され、ただいま御普請最中」（『中村文書』）とあるように、木幡山（「小幡到下」「伏見山」）への伏見城再建というかたちで普請がすすめられることになったのであった。

伏見城の再建

それではなぜ秀吉は、これほどまでに急いで伏見城の再建をすすめようとしたのであろうか。

もちろん、それは、みずからの居城であったからというのがおもな理由であることにはまちがいないが、そのほかにも、地震直前の五月に伏見城では、つぎのようなことがとりおこなわれたことも関係しているのではないかと思われる。

伏見城において御拾御所ならびに太閤御所へ諸家・諸門跡ならびに諸国諸大名残らず御礼これあり、（中略）日本国の諸侍、一人として出仕せざるものはこれなきなり、

これは、『義演准后日記』五月二五日条にみえる記事だが、それによれば、このとき、伏見城では、「諸家・諸門跡」をはじめとして、「諸国諸大名」から「日本国の諸侍」にいたるまで「一人として出仕」しないものはいなかったといわれる「御礼」（あいさつ）が、「御拾御所」と「太閤御所」に対しておこなわれたことがわかる。

つまり、ここから、伏見城とは秀吉の居城というだけではなく、御拾が秀吉とならびたつ存在であることを天下に知らしめた記念すべき場所であり、したがって、それが地震で大破したからといって、そのままにしておくことは、秀吉とその政権にとって名誉や面目にかけてもできる話ではなかったと考えられるのである。

また、名誉や面目という点でいえば、同じように地震の直前の七月に来日していた明国《みん》からの使節（「唐勅使」）に対して、「武者ソロエ」（武者揃え。『義演准后日記』七月五日条、『当代記』）を「見せ」るために「諸国より士卒を召し上げられ」ていたことも関係しよう。

この使節は、国内では、秀吉とその政権が「帰伏せしめ」た「大唐国」（『義演准后日

記』五月二五日条）からの使いという触れこみがなされており〔中野二〇〇八〕、地震によって伏見城が大破したため、実際には、「大坂において御対面」（『当代記』）することになったものの、本来は伏見城がその場として設定されていた以上、それをそのままにしておくわけにはいかなかったと考えられる。

天道と秀吉

さらには、イエズス会の『一五九六年度年報補遺』が伝える、つぎのようなことも、あるいは関係していたのではないかと思われる。

人びとのいうところでは、太閤はこういったということである。「天道《てんどう》、すなわち神様は、このように華麗豪奢《ごうしゃ》な諸建築物を、当然のことだが嫌悪なされた。それゆえ今度は当然、より質素なのを建てることを予《よ》は心に決めた」と。太閤は今回の不幸な事件によってことのほかに狼狽《ろうばい》し、驚嘆し、悲観し、戦慄《せんりつ》した。

秀吉が、ほんとうに「天道、すなわち神様」をおそれたのかどうかといった点についてもたしかめようがないが、ただ、大地震をその身で経験し、大破した伏見城や多くの犠牲者を目のあたりにして、「狼狽し、驚嘆し、悲観し、戦慄した」可能性は低くないであろう。

もっとも、そうだからといって、「より質素なのを建てること」を秀吉が「決めた」とは考えにくく、むしろ大地震のような、人の力ではどうしようもないことにあらがう手立てとして唯一思いたったのが、伏見城の再建だったとも考えられる。

しかしながら、秀吉がこのことを思いたった、まさにその日、閏七月一四日に降毛という「恠異《かいい》」はおこったのであり、そして、それが、秀次《ひでつぐ》事件や伏見城の再建などに対する「天」のふるまいにほかならないと解釈されていたことをふまえたとき、人びとのなかで、秀吉やその政権が「天道、すなわち神様」や「天」から見放されつつあるのではないかという思いはもはや押さえがたいものになっていたことであろう。

退屈と迷惑

じつは、それを裏づけるかのように、伏見城の再建にかかわっては、つぎのような史料も見い出すことができる。

慶長二丁酉《ひのととり》正月下旬より、伏見普請をなすなり、ここ近年の普請、人の退屈是非におよばず、あまりにきびしく相かせぐのあいだ、晩におよびては目みえず、あるいは石にあたり身をそこなう、または煩いにつき普請に出でざれば、その主人、飯米を出ださざるのあいだ、乞食《こつじき》となり京中に充満せり、

これは、『当代記』にみえる記事だが、ここには、翌慶長二年（一五九七）に本格化した「伏見普請」（伏見城再建）にあたって動員された人びとの「退屈」（困りはてること）のさまが活写されている。

おそらく、そのような人びとの多くは、大名の手伝普請によって集められたり、仕事を

もとめて地方から出てきた人足《にんそく》たちだったのであろう。右によれば、そのような人びとのなかには、あまりにも過酷な労働をしいられたため、「晩」になると目のみえなくなるものもおれば、「石にあた」って負傷するものもおり、そのうえ、「煩い」（病気）になって「普請」場に出られなくなれば、「飯米」（食費）さえ支給されず、行き場を失って、「乞食」として「京中」のあちこちに「充満」するほかなかったものたちも少なくなかったという。

プロローグでもふれたように、「弥勒《みろく》の世」や「路頭に乞食・非人一人もこれな」しという「ありがたき御世」がけっして現実を映したものではなかったことは、ここからもあきらかといえるが、ただそのいっぽうで、つぎのような光景もみられたこともまた、現実であった。

> この普請につき、日本国中上下の人、伏見・大坂に居住のあいだ、京・堺井《（ママ）》の町人、売買に利を得ること、近代を超過せりとうんぬん、

これも『当代記』にみえる記事だが、過酷な労働をしいられて「乞食」に転落するものがおれば、かたやそれで儲けるものもおり、普請にともなって「日本国中」から「伏見・大坂」へと居住するようになった人びとを相手に「近代を超過」する「売買に利」を得た「京・堺井の町人」のすがたもみられたという。

このように、巨万の富を手にする、ひとにぎりの町人たちがいるいっぽうで、「乞食」としてしか生きる術をもたない人びとが町中にあふれかえっている、これが、この時期の京都・伏見の現実のすがたにほかならなかったといえよう〔横田一九九三〕。

もっとも、このような「売買の利」を秀吉やその政権が指をくわえてながめているはずはなく、同じく『当代記』には、「畿内・京・伏見・大坂・堺諸売り物、大小をきらわず、五分の一の役を召しあげらる、庶民これがため迷惑す」とあるように、消費税さながら「五分の二」(二〇%)にのぼる「役」が課せられたという。

この「五分の一の役」が実際におこなわれたのかどうかという点については、残念ながらさだかではないが、いずれにしても、上は公家・大名から下は「庶民」にいたるまで、秀吉とその政権に対する「退屈」や「迷惑」(とまどうこと)は、もはや限界に近いものとなっていたといえよう。文禄という年号を冠した数年間は、このようにして「退屈」と「迷惑」に満ちたなか、おわりをむかえることとなるのである。

京都の人びとがみつめた秀吉の時代——エピローグ

ふたたび文禄年間という時代

天正二〇年（一五九二）一二月八日に年号が文禄元年に改元されたのは、「後陽成《ごようぜい》天皇の代始《だいはじめ》」がその事由であったと考えられている〔神田二〇一一〕。史料のうえでは、それ以上の裏づけがとれないためだが、いわゆる天下統一をなしとげ、対外戦争をはじめようとしていた秀吉とその政権にとっても、時宜を得たものだったことはまちがいないだろう。

そういう意味では、文禄年間（一五九二―九六）という時代は、秀吉とその政権にとって、さらなる飛躍が約束されていたはずであった。ところが、その実態はといえば、本書でみてきたように、むしろ苦難の日々の連続であり、最終的には政権が危機的な状況にまで追いこまれていくことになる。

それはそのまま、政権が拠点をおいていた京都や大坂、あるいは伏見といった都市社会の危機へとつながっていくわけだが、考えてみれば、そのきざしというのは、改元直前にすでにあらわれていた。

たとえば、天正一九年八月五日に秀吉の実子鶴松《つるまつ》が「三歳」（『当代記』）で亡くなったことを筆頭に、実弟秀長《ひでなが》（天正一九年正月二二日）や実妹「家康公妻室」（『当代記』天正一八年正月）、あるいは実母大政所《おおまんどころ》（天正二〇年七月二二日）など、もっとも近しい親族を立てつづけに失うという悲劇に秀吉はみまわれていたからである。

わけても、秀吉とその政権に衝撃をあたえたのは、鶴松の死去であろう。公家の近衛信《このえのぶ》尹《ただ》がその日記『三藐院記《さんみやくいんき》』に「殿下（豊臣秀吉）このことをあまりに嘆かせたまいけるにより、御心も尋常にかわり、御髻《もとどり》切らせたまい」と記しているように、秀吉は、悲しさのあまり髪を切り、出家しそうになったとも伝えられているからである。

そして、「これにより秀次《ひでつぐ》へ聚楽《じゅらく》ならびに関白の官をあい渡し」（『当代記』）、関白秀次の誕生がみられることになるわけだが、ところが、「不穏な京の町」と「影を落とす後継者問題」の章でみたように、その後も政情には不安がつきまとうことになる。

とくに、秀次とその一族がすまう聚楽第がおかれた京都では、その不安が都市社会全体へと広がり、さまざまなできごととして表出するにいたった。

結局のところ、その不安は、文禄二年（一五九三）八月三日の御拾《おひろい》誕生、そして二年後の文禄四年七月から八月にかけておこった秀次事件へとたどりつくことになるわけだが、このようにしてみるとわかるように、文禄年間とは、天下人秀吉の後継者問題が京都という都市社会に暗い影を落としつづけた時代であったといえよう。

いっぽう、文禄年間は、京都周辺で大規模な普請《ふしん》がすすめられた時代でもあった。すでに聚楽第は、天正年間（一五七三―九二）には完成をみていたが、大仏や伏見城（指月山《しげつやま》・木幡山《こわたやま》）などの普請は、文禄年間にはじめられ、そして完成にいたったことが知られるからである。じつは、これらの普請に関しては、『当代記』につぎのような興味深い記事を見い出すことができる。

元来太閤秀吉公、心操《しんそう》人にすぐれ、金銀にかぎらず、諸宝物を人に施したまうこと、勝計《しょうけい》すべからず、ただ人の嫌うこととては、あまりに普請を好みたまうあいだ、上《かみ》下《しも》これがため迷惑す、

もともと秀吉は、「心操」（心ばえ、気立て）が人よりすぐれており、「金銀」ばかりか、「宝物」まで他人にくれてしまうことなど数かぎりないほどであったという。おそらくこれは、「不均衡な経済政策」の章でみた「金くばり」などを念頭において書かれたものかと思われるが、そのいっぽうで、秀吉は、「あまりに普請を好」んだため、「上下」（身分

の高いものも低いもの）もみな「迷惑」（とまどうこと）したという。

ここまでだけであれば、「金くばり」も、また普請も、ともに秀吉個人の「心操」のなせるわざだったかのように読めてしまう。しかしながら、「金くばり」がそう単純なものではなかったのと同じように、普請もまた、「心操」や「好み」の問題ではけっしてなかったという点には注意が必要であろう。

実際、『当代記』は、このあとすぐに、つぎのような記述も書き残しているからである。

しかりといえども、この普請につき、日本国中上下の人、伏見・大坂に居住のあいだ、京・堺井《ママ》の町人、売買に利を得ること、近代を超過せりとうんぬん、

右の一節は、じつは「天変地異と政権の動揺」の章でも一度引用したものだが、あらためてみてみると、秀吉がおこなった普請にともなって、「日本国中」から「上下の人」が「伏見・大坂」へひきよせられるとともに、そのような人びとを相手に「近代を超過」する「売買に利を得」る「京・堺井の町人」もあらわれたことが読みとれよう。

普請という大規模な公共工事によって雇用と人口集中がうみだされ、それに付随する経済活動が活性化させられると同時に、「金くばり」によって、貨幣としての金銀が市中にばらまかれ、その利息が「ならかし」などで回収されつつ、さらにまた公共工事へと投下されていく。このようなたとえがふさわしいのかどうかはわからないが、おおよそこれに

似た施策が、秀吉とその政権によってとられていたとしみてまちがいないであろう。その意味では、普請と「金くばり」、そして「ならかし」は密接にむすびついていた。

しかも、「ならかし」で集められた「金銀」が大陸へ渡る「船」（「安宅船《あたけぶね》」）の「用」（費用）につかわれていたことからもわかるように、文禄年間といえば、文禄の役とよばれる対外戦争がすすめられていた時代でもあった。そして、それにともなう動員によって、ときに国内の諸大名や諸侍の家中では、「男留守のとき」という現象があらわれていたことも「影を落とす後継者問題」の章でみたとおりである。

もちろん動員されていたのは、諸大名や諸侍だけではなく、あらゆる階層におよんでおり、そのことについては、「不穏な京の町」の章でみたように、「西国在陣の上下走り散った」ものや「高麗ならびに名護屋《なごや》より走り申すもの」に宿を貸さぬよう、京都では、町々や寺院にいたるまで誓紙血判《せいしけつぱん》・請文《うけぶみ》などの提出がきびしくもとめられていたことからもあきらかといえよう。

後継者問題と普請

こうしてみるとわかるように、文禄年間という時代が、『慶長見聞集《けいちようけんもんしゆう》』や『大かうさまくんきのうち』が伝えるような「弥勒の世」「ありがたき御世」であったとはとうてい思えない。少なくとも、京都に住む人びとの目からは、そのようにはみえなかったのではないかというのが本書の結論ともいえようが、ただ、本書で強調したいのは、そのような結論などではなく、むしろ人びとの思いがつぎのようなかたちで史料のうえにあらわれていたということのほうといえよう。

さる六月廿七日、天より沙《すな》降る、また去月十四日の夜、白毛あるいは黒毛降る、まことに百姓の労苦このときなり、地検をせられ、あまつさえ昼夜普請に責めつかわれ、片時も安んずることなきなり、よって土を雨《ふら》すは余儀なきか、ついで去年関白秀次謀叛、誅《ちゅう》せられ、今年数万人をもって、伏見山を開く、衆人群集す、まことに毛を雨すゆえなり、

右もまた、「天変地異と政権の動揺」の章で一度引用した『義演准后日記《ぎえんじゅごうにっき》』文禄五年（一五九六）八月朔日《ついたち》条にみえる記事である。この直前におこった降砂や降毛という「恠《かい》異《い》」についての解釈がここには書きつづられているわけだが、あらためてみればわかるように、文禄年間という時代がかかえていた問題点が、秀吉の後継者問題（「関白秀次謀叛、誅せられ」）と普請（「昼夜普請に責めつかわれ、片時も安んずることなき」「数万人をもって、伏見山を開く、衆人群集す」）にほかならなかったことを「百姓」をはじめとした人びとが、「恠異」をとおして正確にとらえていたことがあきらかとなる。

しかも、注目されるのは、降砂と降毛のあいだにおこった大地震や、また、本来であれば、もっとも忌避すべき対外戦争について、人びとはそれらを「恠異」とはとらえていな

かったことが読みとれる点であろう。もっとも、冷静に考えてみれば、一〇〇年あまりにおよぶ戦国時代の最後あたりに生きた人びとにとって、合戦や戦争というのは、それが対外戦争であったとしても、不可避なものとして、なお日常の光景になっていたにちがいない。

それと同じように、文禄の大地震からさかのぼること、わずか一〇年ほど前の天正一三年（一五八五）一一月にも、「マグニチュード八近い超大型の内陸地震」と考えられる「天正地震」が「中部地方と近畿東部」をおそっていたことをふまえるならば〔寒川二〇一〇〕、地震もまた、人の力ではいかんともしがたい不可避なものとして人びとに認識されていたと考えるのが自然であろう。

むしろ人びとがきびしい視線をむけていたこととは、人の力でなんとかしうるもののほうであり、それに対して、当時、国家をになっていた秀吉やその政権がおこなっていたことが、「影を落とす後継者問題」の章でみた声聞師払いや狐狩りのように、それ以上のものであったことを目のあたりにしたとき、そのギャップの大きさにこそ、この時代特有の問題がひそんでいると読みとるべきであろう。

秀吉に対する期待

『大かうさまくんきのうち』が「太閤秀吉公御出生よりこのかた」、「御慈悲もっぱらにましましそうろうゆえ、路頭に乞食《こつじき》・非人一人もこれなし（中略）御威光、ありがたき御世」と記すのは、どうみても秀吉のことをもちあげすぎといわざるをえないが、ただそのいっぽうで、天下を統一した秀吉とその政権に対して、人びとがなにがしかの期待をいだいていたということまでを否定するわけにはいかないであろう。

たとえば、小田原の北条氏がほろぼされたことを耳にした興福寺多聞院英俊《たもんいんえいしゅん》が、『多聞院日記』天正一八年（一五八〇）七月二六日条につぎのように記しているようにである

関白殿（豊臣秀吉）、ただ人にあらず、（中略）日本国六十余州島々まで一円御存分に帰しおわんぬ、不思議、不思議のことなり、

〔跡部二〇一四〕。

もっとも、期待が大きければ大きすぎるほど、逆に失望もまた大きくなるというのは世の常である。『当代記』にみえる、つぎの一節は、おそらくそのようなことをいいあらわしているのではないだろうか。

太閤秀吉公、日本小国には不相応の才人《さいじん》たり、しかるところにかくのごとく人の苦労を顧みたまわざること、ときの人不審とうんぬん、

これは、「天変地異と政権の動揺」の章で引用した、木幡山の伏見城再建に集まってきた人びとのうち、怪我や病気で働けなくなったものたちが「乞食となり、京中に充満」し

ていたという記事につづけて書かれているものだが、「太閤秀吉」を「才人」とはみとめつつも、「人の苦労を顧みたまわざる」人物と評価するなど、時がたつにしたがって失望の度合いもまた、大きくなっていったようすが知られよう。

このように、かたや「御慈悲もっぱらにましまし」、かたや「人の苦労を顧みたまわざること」といった、両極端の評価がなされている点からも、この時期の秀吉とその政権がおかれた状況のむずかしさがうかがえる。

それでは、人びとが秀吉とその政権にのぞんでいたものとはいったい何だったのだろうか。最後に、この点について、「不均衡な経済政策」の章でもみた「ならかし」ということばにふたたび目をそそぎつつみていくことにしよう。

京都・大坂なみ

ところで、「不均衡な経済政策」の章でみた、奈良の町人たちによる一三ヵ条におよぶ「直訴」状をあらためてみてみると、『多聞院日記』では読みとれなかった重要な事実が書きつづられていることに気がつく。

それは、「直訴」状のもっとも重要な部分と思われる第一条と後書《あとがき》部分に記されているが、それらとは具体的につぎのようなものとなる。

一、かくのごとく申し上げそうろう意趣は、京都・大坂なみに諸事仰せ付けられそうらいてくださるべくそうろう、大光院様（豊臣秀長）御座そうろうときは、諸事御慈悲なされそ

うろうところに、このごろは、中納言様（豊臣秀保）御幼少ゆえ、または御陣の御留守ゆえに、
井上源五（高清）殿みだりがわしく、ほしいままにて、奈良中迷惑申しそうろうこと、
（中略）
右条々の趣、上聞《じょうぶん》に達せられ、奈良町のこと、京（ママ）・大坂なみに諸事仰せ付けられくだされそうらわば、かたじけなかるべくそうろう、今の分にては、南都の町人堪忍なしがたく存じそうろう、

これによれば、奈良の町人たちが「直訴」状をとおして訴えていたこととは、「南京奉行」の井上源五の行状にとどまるものではけっしてなく、むしろ、くり返し出てくる「京都・大坂なみに諸事仰せ付けられ」たい、つまりは、京都や大坂「なみ」（並＝同程度）に奈良もあつかってほしいとの切なる願いだったことがあきらかとなる。

もっとも、これだけを読んでいても具体的に何を意味しているのかといったことは、すぐにはわからない。しかし、おそらくそれは、この前年天正一九年に秀吉とその政権によっておこなわれた、つぎのような施策と関連しているとみるのが自然であろう。

末代に御名を残すこと、沙汰あるべしとうんぬん、すなわち屋地子《やじし》・人夫《にんぶ》以下諸公《く》事《じ》・商買（売）の座ことごとくもって免除しおわんぬ、大坂・当国（大和）郡山《こおりやま》まで屋地子は免許なり、奈良中は屋地子に四把利（割）を付けてこれを収む、

これは、『多聞院日記』天正一九年一二月二八日条にみえる記事である。この一二月二八日は、秀次が関白に任官されたその日であり、おそらくそれとの関連もあるのだろうが、右によれば、秀吉とその政権は、このとき京都において、「屋地子」（地子＝地代《じだい》のこと）や「人夫」など強制労働をはじめとした「諸公事」、あるいは、中世の「商買」（商売）を独占的にとりあつかってきた同業者組織である座に課せられた座役などすべてを「免除」したことがわかる〔播磨一九八六〕。

このうち「屋地子」については、プロローグでもふれたように、すでに同年九月二二日には免除されていたが、それに加えて、諸役免除（諸公事免除）と座の廃止という優遇策が京都に対してとられたということがあきらかとなるのである。

ここで問題となるのは、その優遇策のうち、「屋地子」の「免許」（免除）については、「大坂」と「当国」（大和国）の「郡山」でも実施されるいっぽう、奈良には、逆に「四把利」（四割）増しで「屋地子」が徴収されることになったことがわかる点であろう。

当然、奈良でも「奈良中屋地子・人夫以下も免許せよかしとの念願」（『多聞院日記』同日条）がわきおこり、翌天正二〇年八月三〇日には、「地子をゆるすか、公事をゆるすか」（『多聞院日記』同日条）とのうわさもながれたものの、結局のところ、それが実現するにはいたらなかったのである。

つまり、これらのことから、「直訴」状が書かれた当時、奈良は、京都や大坂あるいは郡山に対しても、施策としての格差をつけられていたことがあきらかとなる。おそらく、このような施策がとられた背景には、京都・大坂・郡山のいずれもが、秀吉とその政権が拠点をおく城下町であったことが関係していよう。それらに優遇策をほどこすことによって、周辺地域から人や物を誘引していこうというのがその目的と考えられるからである。

逆に、奈良など城下町ではない旧来からの都市や町場は、人や物を吸いとられ、衰微していくことになったわけだが、奈良では、これに加えて、貨幣としての金銀が強制的に「借」（貸）しつけられる「奈良借」＝「ならかし」もおこなわれていた。これらのことをふまえるならば、その格差は、より大きなものへと広がりつつあったと考えられよう。

こうしてみるとわかるように、その年の一二月八日に文禄元年と改元される天正二〇年九月の段階で奈良の町人たちが大坂の秀吉に対しておこなった直訴とは、彼らがもたされていた格差の是正を強くもとめるものであったことがあきらかとなる。

そして、そのことを端的にあらわすことばこそが、「京都・大坂なみ」というものにほかならなかったのである。

ならかしと徳政

さて、先に引用した「直訴」状の第一条をあらためてみてみると、「大光院《だいこういん》様」（豊臣秀長・羽柴秀長）が生きていたころは、奈良にも

「御慈悲」があたえられていたものの、後嗣の「中納言様」（豊臣秀保《ひでやす》・羽柴秀保）は「御幼少」なうえ、「御陣」（文禄の役）で「御留守ゆえに」、「井上源五」が「みだりがわしく、ほしいまま」なるふるまいをしていたことが、今回の挙にいたった理由と記されている。

ここでもまた、「御陣」による「御留守」という状況が、奈良という都市社会にも深刻な影響をあたえていたことがうかがえるが、結局のところ、このときの「直訴」は、「不穏な京の町」の章でみたように、不可解な結末に落ちつくことになる。

また、その「糺決《きゅうけつ》」を秀吉からまかされた関白秀次が、具体的にどのような判断をくだしたのかという点についても、残念ながらあきらかにすることはできない。ただ、奈良の「屋地子」が実際に免除されるのは、天正二〇年から四〇年あまりもたった寛永一〇年（一六三三）であったことから考えても（奈良市史編纂審議会編一九八八）、奈良の町人たちの「京都・大坂なみ」という「念願」がこのときにはかなえられなかったことだけはあきらかといえよう。格差是正は、なされなかったのである。

ところで、戦国時代の人びとが徳政というものをどのようにとらえていたのかという点について、しばしば引用される史料として、『塵塚物語《ちりづかものがたり》』におさめられる「徳政のこと」という文章が知られている。そして、そこには、徳政とは、「天下のかしかりを平らかにひとしくせさせたまう御法」であると人びとが認識していたことが示されている。

ここからは、一般によく知られている「かしかり」(貸借関係)の破棄という意味あいから一歩すすんで、さまざまな格差を「平らかにひとしく」=平均するという意味あいも徳政にはこめられていたことが読みとれるが、そのような観点から、奈良の町人たちが訴えていた「京都・大坂なみ」という「念願」をながめたとき、これもまた、一種の徳政をのぞむ声であったと理解することは、それほど的はずれではないであろう。

しかも、「不均衡な経済政策」の章でもふれた、江戸時代前期に編まれた『醒睡笑《せいすいしょう》』にみられる「ならかし」ということばには、「もともと「ならす」すなわち「平らかにする」、「平均にする」という原義がある」とされていることからすれば〔薗部二〇〇二〕、「奈良借」=「ならかし」ということばを「落書《らくしょ》」のかたちで伝えることで、京都の人びともまた、奈良の町人たちの「京都・大坂なみ」という「念願」を自分のものとして共有していたことがあきらかとなる。

もっとも、そのようにしてみたとき、注意しておく必要があるのは、奈良の町人たちがいだいていた「念願」が、けっして近代的な意味での平等な社会をのぞむものではなかったという点であろう。彼らが生きていた時代とは、身分制社会であり、また、支配するものと支配されるものとが厳然と分かれていたのであり、いくら「念願」したからといって、それがたやすくうけいれられるとは、夢にも思っていなかったからである。

むしろ彼らが敏感になっていたこととは、「ならかし」に代表されるような、極端な不公平や不均等、あるいは不衡平についてであり、そういう意味において、人びとが秀吉とその政権に期待し、のぞんでいたものとは、できうるかぎりの公平や均等、あるいは衡平、つまりは徳政にほかならなかったといえよう。

しかしながら、実態はむしろそれとは逆に、人の力でなんとかしうる施策によって、格差は広げられていくことになる。そのことを目のあたりにしていたにもかかわらず、『慶長見聞集』は、「今はいかようなる民百姓にいたるまでも、金を五両、拾両もち」と記し、また、『大かうさまくんきのうち』も「いかなる田大野人《でんぶやじん》にいたるまで、金銀たくさんにもちあつかわずということものなし」「路頭に乞食・非人一人もこれなし」と記して、秀吉とその政権の時代を「弥勒の世」「ありがたき御世」と称賛する。

「民百姓」や「田夫野人」にとって、おそらくそのような記述と現実とはあまりにもかけはなれたものであったにちがいないが、ただ、そのような実態とはかけはなれた、いわば理想を記さざるをえなかったところにこそ、むしろこの時代がかかえる闇の部分が露呈しているように思われる。そしてまた、「桃山の京都」のイメージではおおいつくせない、人びとの「精神世界」もまた、ここに深く沈みこんでいるように思われるのである。

あとがき

時代の雰囲気をつかんでみたい、また、その時代に生きていた人びとがふれていた空気を肌で感じてみたい、本書の出発点は、そのような大それたのぞみからはじまった。

秀吉の時代、あるいは美術史でいうところの桃山期といえば、本書でもふれた「桃山の京都」のように、絢爛豪華なイメージが強い。イメージだけでいえば、光に満ちた時代といったところだろうか。

しかしながら、光あるところには、かならず闇も存在する。そして、光と闇は、文字どおり表裏一体となって全体を構成している。したがって、片方の側面だけをみていても、時代の雰囲気をつかむことはできない。

そのように考えて、本書では、あえて史料の表側にはなかなか出てこない闇の部分に焦点をしぼってみた次第である。闇の部分の奥底にこだまする名もなき人びとの声をわずかでもすくいとれたのだとしたら、著者としてはこれ以上のしあわせはない。その当否については、読者のみなさんのきびしい判断をあおぐところである。

ところで、右のこととも関係するが、本書のような、戦国時代や秀吉の時代をあつかう書物ともなれば、英雄然とした侍たちの物語がくりひろげられているのではないかとだれもが思うにちがいない。本書を手にとられた読者のなかにもそのように思われた人は少なくなかったのではないだろうか。

しかしながら、著者自身は、そのような侍たちの英雄物語や政治のかけひきなどにはあまり関心がない（もっとも、ひとりひとりの人間の歴史としてなら興味はあるが）。むしろそのような英雄たちや政治にふりまわされて日々を送らねばならなかった圧倒的多数の名もなき人びとのふるまいのほうに心を強くひかれる。

いつの時代でも、そのような名もなき人びとの思いやふるまいこそが、その時代を反映しているのではないかと考えるからである。地味で、文字どおり光のあたる世界とはいいがたいが、これからもずっとそのような人びとのすがたを追いかけていきたいと思う。敬愛する斯界の先達たちがそうしてきたように。

最後に、本書をなすにあたって史料の閲覧などを許可していただいた史料所蔵各機関に対して記して感謝申しあげたいと思う。また、本書におさめられた図版の掲載をこころよく許可していただいた関係各位に対しても心から御礼申し上げたいと思う。

なお、本書もまた、前著『歴史の旅　戦国時代の京都を歩く』と同様、吉川弘文館の大熊啓太氏のご尽力によって日の目をみることになった。あらためて御礼申しあげたいと思う。

二〇一五年一二月

河内将芳

〔付記〕
本書は、二〇一三〜一五年度日本学術振興会科学研究費助成事業・基盤研究C「日本中世・近世寺社古記録成立に関する基礎的研究」（課題番号二五三七〇八一一）の研究成果の一部である。

参考文献（論考のうち、論集におさめられたものについてはそちらの書誌を優先している。五十音順）

愛知県史編さん委員会編『愛知県史　資料編13　織豊三』愛知県、二〇一三年
朝尾直弘『朝尾直弘著作集　第四巻　豊臣・徳川の政治権力』岩波書店、二〇〇四年
跡部　信「豊臣政権の代替わり」『大阪城天守閣紀要』二八号、二〇〇〇年
跡部　信『人をあるく　豊臣秀吉と大坂城』吉川弘文館、二〇一四年
生嶋輝美「中世後期における「斬られた首」の取り扱い―首実検と梟首を素材として―」『文化史学』五〇号、一九九四年
伊藤真昭『京都の寺社と豊臣政権』法藏館、二〇〇三年
浦長瀬隆『中近世日本貨幣流通史―取引手段の変化と要因―』勁草書房、二〇〇一年
大西泰正『豊臣期の宇喜多氏と宇喜多秀家』岩田書院、二〇一〇年a
大西泰正「豪姫のこと」『岡山地方史研究』一二二号、二〇一〇年b
奥山けい子「「千人切」考」『東京成徳大学研究紀要』一〇号、二〇〇三年
小野晃嗣『近世城下町の研究　増補版』法政大学出版局、一九九三年
河内将芳「豊臣の「黄金」指向をめぐる二、三の問題―貨幣史の視点からみる―」『出土銭貨』三号、一九九五年
河内将芳『中世京都の民衆と社会』思文閣出版、二〇〇〇年

河内将芳『秀吉の大仏造立』法藏館、二〇〇八年
河内将芳『信長が見た戦国京都―城塞に囲まれた異貌の都―』洋泉社歴史新書y、二〇一〇年
河内将芳「宇喜多秀家夫人の「御病」と伏見稲荷大社―「狐狩」と「陰陽師狩」をめぐって―」『朱』五五号、二〇一一年
河内将芳『祇園祭の中世―室町・戦国期を中心に―』思文閣出版、二〇一二年
河内将芳『歴史の旅　戦国時代の京都を歩く』吉川弘文館、二〇一四年
川戸貴史「一六世紀後半京都における金貨の確立」池享編『室町戦国期の社会構造』吉川弘文館、二〇一〇年
神田裕理『戦国・織豊期の朝廷と公家社会』校倉書房、二〇一一年
北川　央「大坂城と狐」『朱』四八号、二〇〇五年
北堀光信『豊臣政権下の行幸と朝廷の動向』清文堂、二〇一四年
京都市歴史資料館編『叢書　京都の史料9　大中院文書・永運院文書』京都市歴史資料館、二〇〇六年
桑田忠親「豊臣秀吉の狐狩に関する文書」『歴史地理』第六六巻六号、一九三五年
桑田忠親『太閤記の研究』徳間書店、一九六五年
桑田忠親「大西家所蔵狐狩の古文書」『朱』一二号、一九七一年
佐久間正訳・注、会田由訳、岩生成一注、アビラ・ヒロン『日本王国記』『アビラ・ヒロン日本王国記　ルイス・フロイス日欧文化比較　大航海時代叢書Ⅺ』岩波書店、一九六五年
桜井英治『贈与の歴史学―儀礼と経済のあいだ―』中公新書、二〇一一年

桜井成広『豊臣秀吉の居城　聚楽第／伏見城編』日本城郭資料館出版会、一九七一年
寒川　旭『秀吉を襲った大地震—地震考古学で戦国史を読む—』平凡社新書、二〇一〇年
清水克行『室町社会の騒擾と秩序』吉川弘文館、二〇〇四年
下坂　守「道行く女房衆—描かれた中世女性の外出風景—」『清風会会報』一一五号、一九九九年
杉森哲也『近世京都の都市と社会』東京大学出版会、二〇〇八年
世界人権問題研究センター編『散所・声聞師・舞々の研究』思文閣出版、二〇〇四年
瀬田勝哉「秀吉が果たせなかった花見—伏見向島の植樹とその後—」『中世のなかの「京都」　中世都市研究12』二〇〇六年
薗部寿樹『日本中世村落内身分の研究』校倉書房、二〇〇二年
高木博志『近代天皇制と古都』岩波書店、二〇〇六年
高谷知佳「室町王権と都市の怪異」東アジア恠異学会編『怪異学の可能性』角川書店、二〇〇九年
高橋康夫『京都中世都市史研究』思文閣出版、一九八三年
高橋康夫『海の「京都」—日本琉球都市史研究—』京都大学学術出版会、二〇一五年
谷森淳子「太田牛一とその著書—特に「大かうさまくんきのうち」に就いて—」『史学雑誌』第三八編六号、一九二七年
登谷伸宏『近世の公家社会と京都—集住のかたちと都市社会—』思文閣出版、二〇一五年
中村武生『御土居堀ものがたり』京都新聞出版センター、二〇〇五年
中野　等『戦争の日本史16　文禄・慶長の役』吉川弘文館、二〇〇八年

奈良市史編纂審議会編『奈良市史　通史三』吉川弘文館、一九八八年
丹生谷哲一『身分・差別と中世社会』塙書房、二〇〇五年
西山　克「媒介者たちの中世―室町時代の王権と狐使い―」『中世都市研究8　都市と職能民』二〇〇一年
西山　克「怪異のポリティクス」東アジア恠異学会編『怪異学の技法』臨川書店、二〇〇三年
西山昭仁「文禄五年の伏見地震直後の動静―公家・寺社・朝廷を中心として―」『歴史地震』一〇号、一九九四年
西山昭仁「文禄五年の伏見地震直後の動静②―武家・民衆を中心として―」『歴史地震』一一号、一九九五年
服部英雄『河原ノ者・非人・秀吉』山川出版社、二〇一二年
林屋辰三郎『町衆―京都における「市民」形成史―』中公新書、一九六四年
播磨良紀「楽座と城下町」『ヒストリア』一一三号、一九八六年
福田千鶴『豊臣秀頼』吉川弘文館、二〇一四年
藤井譲治編『織豊期主要人物居所集成』思文閣出版、二〇一一年
藤井譲治「近世貨幣論」『岩波講座日本歴史　第11巻　近世2』二〇一四年
藤木久志『雑兵たちの戦場―中世の傭兵と奴隷狩り―』朝日新聞社、一九九五年
藤田恒春『豊臣秀次の研究』文献出版、二〇〇三年
藤田恒春『豊臣秀次』吉川弘文館、二〇一四年

本多博之『戦国織豊期の貨幣と石高制』吉川弘文館、二〇〇六年
三枝暁子「天正・文禄の大地震と京都改造」『年報都市史研究20　危機と都市』二〇一三年
三鬼清一郎「近世初期における普請について」『名古屋大学文学部研究論集』八九号、一九八四年
三鬼清一郎「普請と作事—大地と人間—」『日本の社会史　第八巻　生活感覚と社会』岩波書店、一九八七年
矢部健太郎「『大かうさまくんきのうち』の執筆目的と秀次事件」金子拓編『『信長記』と信長・秀吉の時代』勉誠出版、二〇一二年
矢部健太郎「関白秀次の切腹と豊臣政権の動揺—秀吉に秀次を切腹させる意思はなかった—」『國學院雑誌』第一一四巻一一号、二〇一三年
山田邦和「伏見城とその城下町の復元」日本史研究会編『豊臣秀吉と京都—聚楽第・御土居と伏見城—』文理閣、二〇〇一年
山田邦和「聚楽第復元研究の再検討」前近代都市論研究会報告、二〇一四年
山室恭子『黄金太閤—夢を演じた天下びと—』中公新書、一九九二年
横田冬彦「城郭と権威」『岩波講座日本通史　第11巻　近世1』一九九三年
横田冬彦「近世武家政権と首都」『年報都市史研究』九号、二〇〇一年
横田冬彦「豊臣政権と首都」日本史研究会編『豊臣秀吉と京都—聚楽第・御土居と伏見城—』文理閣、二〇〇一年
吉田伸之『近世都市社会の身分構造』東京大学出版会、一九九八年

著者略歴
一九六三年、大阪市に生まれる
一九八七年、京都府立大学文学部文学科卒業
一九九九年、京都大学大学院人間・環境学研究科博士課程修了
現在、奈良大学文学部史学科教授、博士（人間・環境学）

主要著書
『歴史の旅　戦国時代の京都を歩く』（吉川弘文館、二〇一四年）
『絵画史料が語る祇園祭―戦国期祇園祭礼の様相―』（淡交社、二〇一五年）

歴史文化ライブラリー
418

落日の豊臣政権
秀吉の憂鬱、不穏な京都

二〇一六年（平成二十八）二月一日　第一刷発行

著　者　河《かわ》内《うち》将《まさ》芳《よし》
発行者　吉川道郎
発行所　株式会社　吉川弘文館
東京都文京区本郷七丁目二番八号
郵便番号一一三―〇〇三三
電話〇三―三八一三―九一五一〈代表〉
振替口座〇〇一〇〇―五―二四四
http://www.yoshikawa-k.co.jp/
印刷＝株式会社　平文社
製本＝ナショナル製本協同組合
装幀＝清水良洋・宮崎萌美

ISBN978-4-642-05818-6

歴史文化ライブラリー

1996.10

刊行のことば

現今の日本および国際社会は、さまざまな面で大変動の時代を迎えておりますが、近づきつつある二十一世紀は人類史の到達点として、物質的な繁栄のみならず文化や自然・社会環境を謳歌できる平和な社会でなければなりません。しかしながら高度成長・技術革新にともなう急激な変貌は「自己本位な刹那主義」の風潮を生みだし、先人が築いてきた歴史や文化に学ぶ余裕もなく、いまだ明るい人類の将来が展望できていないようにも見えます。このような状況を踏まえ、よりよい二十一世紀社会を築くために、人類誕生から現在に至る「人類の遺産・教訓」としてのあらゆる分野の歴史と文化を「歴史文化ライブラリー」として刊行することといたしました。

小社は、安政四年（一八五七）の創業以来、一貫して歴史学を中心とした専門出版社として書籍を刊行しつづけてまいりました。その経験を生かし、学問成果にもとづいた本叢書を刊行し社会的要請に応えて行きたいと考えております。

現代は、マスメディアが発達した高度情報化社会といわれますが、私どもはあくまでも活字を主体とした出版こそ、ものの本質を考える基礎と信じ、本叢書をとおして社会に訴えてまいりたいと思います。これから生まれでる一冊一冊が、それぞれの読者を知的冒険の旅へと誘い、希望に満ちた人類の未来を構築する糧となれば幸いです。

吉川弘文館

歴史文化ライブラリー

中世史

源氏と坂東武士——野口 実
熊谷直実 中世武士の生き方——高橋 修
鎌倉源氏三代記 一門・重臣と源家将軍——永井 晋
吾妻鏡の謎——奥富敬之
鎌倉北条氏の興亡——奥富敬之
三浦一族の中世——高橋秀樹
都市鎌倉の中世史 吾妻鏡の舞台と主役たち——秋山哲雄
源 義経——元木泰雄
弓矢と刀剣 中世合戦の実像——近藤好和
騎兵と歩兵の中世史——近藤好和
その後の東国武士団 源平合戦以後——関 幸彦
声と顔の中世史 戦さと訴訟の場景より——蔵持重裕
運 慶 その人と芸術——副島弘道
乳母の力 歴史を支えた女たち——田端泰子
荒ぶるスサノヲ、七変化〈中世神話〉の世界——斎藤英喜
曽我物語の史実と虚構——坂井孝一
親鸞と歎異抄——今井雅晴
日 蓮——中尾 堯
捨聖《すてひじり》一 遍——今井雅晴
神や仏に出会う時 中世びとの信仰と絆——大喜直彦
神風の武士像 蒙古合戦の真実——関 幸彦
鎌倉幕府の滅亡——細川重男
足利尊氏と直義 京の夢、鎌倉の夢——峰岸純夫
高 師直 室町新秩序の創造者——亀田俊和
新田一族の中世「武家の棟梁」への道——田中大喜
地獄を二度も見た天皇 光厳院——飯倉晴武
東国の南北朝動乱 北畠親房と国人——伊藤喜良
南朝の真実 忠臣という幻想——亀田俊和
中世の巨大地震——矢田俊文
大飢饉、室町社会を襲う！——清水克行
贈答と宴会の中世——盛本昌広
中世の借金事情——井原今朝男
庭園の中世史 足利義政と東山山荘——飛田範夫
土一揆の時代——神田千里
山城国一揆と戦国社会——川岡 勉
一休とは何か——今泉淑夫
中世武士の城——齋藤慎一
武田信玄——平山 優
歴史の旅 武田信玄を歩く——秋山 敬
戦国人名の危機管理——黒田基樹
戦国大名の兵粮事情——久保健一郎